营销破局

玩转营销十八般武艺

Skill in wielding the 18 kinds of weapons

姚永斌 黄志东 著

SPM 南方传媒
广东经济出版社
·广州·

图书在版编目（CIP）数据

营销破局：玩转营销十八般武艺／姚永斌，黄志东著. —广州：广东经济出版社，2023.7
ISBN 978－7－5454－8545－5

Ⅰ. ①营… Ⅱ. ①姚… ②黄… Ⅲ. ①营销模式 Ⅳ. ①F713.50

中国版本图书馆 CIP 数据核字（2022）第 207830 号

责任编辑：毛一飞
责任校对：黄思健
责任技编：陆俊帆
封面设计：吴东贤

营销破局——玩转营销十八般武艺
YINGXIAO POJU——WANZHUAN YINGXIAO SHIBABAN WUYI
出版发行：广东经济出版社（广州市水荫路 11 号 11～12 楼）
印　　刷：广东鹏腾宇文化创新有限公司
（珠海市高新区科技九路 88 号七号厂房）

开　　本：889mm×1194mm　1/32　　印　　张：8.75
版　　次：2023 年 7 月第 1 版　　印　　次：2023 年 7 月第 1 次
书　　号：ISBN 978－7－5454－8545－5　　字　　数：169 千字
定　　价：68.00 元

发行电话：（020）87393830　　编辑邮箱：gdjjcbstg@163.com
广东经济出版社常年法律顾问：胡志海律师　　法务电话：（020）37603025
如发现印装质量问题，请与本社联系，本社负责调换。

前言

现代管理学之父彼得·德鲁克认为：企业的目的只有一个，那就是创造顾客；有且只有两个基本职能，即营销和创新。

作为一门学科、一门学问，营销早就从国外舶来了。营销的威力、魅力以至魔力，早就在跨国公司的“攻城略地”与本土企业的激烈对抗中尽显。

中国市场营销发生了颠覆性变化：近几年，中国消费市场已经从“增量”市场，逐步过渡至“存量”市场；“信息茧房”“消费分级”的形成及数字化手段的出现，使得传统企业营销的难度越来越大，盈利越来越不容易。企业品牌营销增长战略的核心，就是通过“创造、沟通、交换”获取顾客，实现营销增长（另外一个是创新增长），最终达成企业合理盈利、持久发展的目的。为此，面对日益复杂、严酷的市场环境，以及消费者需求趋于多样化、个性化的大环境，中国企业特别是中小企业需要了解、掌握和运用更多的营销破局战略与战术。这就是笔者斗胆写《营销破局——玩转营销十八般武艺》的前提与动力。

无营销，不品牌！《营销破局——玩转营销十八般武艺》一书，主要对市场营销思维、方法、方式、技巧、工具等进行了梳理和讲解，也是笔者几十年来从业经验、咨询服务实战经验和创业经验的总结与思考。本书主要选取了营销的十八般武艺，即战略营销、定位营销、整合营销、全员营销、质量营销、公关营销、关系营销、情感营销、服务营销、网络营销、社群营销、直播营销、体验营销、差异化营销、会议营销、文化营销、娱乐营销、体育营销。希望本书能够成为一本给大家提供营销思维与营销方式的营销工具书。

本书主要围绕营销的十八般武艺展开阐述，举了一些发生在我们身边的案例，读起来很轻松且通俗易懂。本书采取一个武艺一个章节的设置，主要是为了分类阐述，为了大家更好地了解、掌握和运用营销破局的战略与战术。实际上，营销破局的战略与战术是非常灵活的，往往是多种思维、多种方法融合在一起使用。

在酝酿多年，经历半年的写作、修改、整理后，终于完成了这本书。我们期望本书能够起到抛砖引玉的作用，期待能够激起营销行业更多的浪花。如果本书能够为企业和个人提供帮助，特别是对中小企业和营销人有所助益，我们就知足了。

鉴于笔者水平有限，书中纰漏和考虑不周之处在所难免，欢迎大家批评指正。

目 录

01 战略营销

企业战略营销，是由企业最高决策层直接主导的。战略营销是一种新的营销观念，主张市场营销是产品导向、顾客导向和竞争导向的统一，是系统营销要素的整合。

营销的真正成功，是对市场的战略性思考与谋划。做好战略营销“细分、聚焦、增值”三大核心，企业战略营销就成功了一半。

战略营销才是未来

“策无略无以为恃，计无策无以为施。”

企业战略营销为先，战略为重。但，时至今日依然有许多传统企业没有战略营销，对营销和品牌建设缺乏统筹规划，仍然运用传统的市场营销方法，导致企业“头痛医头、脚痛医脚”，或是“东一榔头西一棒槌”，没一个整体的规划。因此，企业慢慢步入举步维艰的境地，逐渐淹没在市场革新的浪潮之中。这样的案例，在传统优势企业中比比皆是——无论是笔者服务过的家电企业，还是日化企业，这样的案例都可以说是不胜枚举。

营销的真正成功，是对市场的战略性思考与谋划。如今，战略营销因为其具有“战略”特征已经成为营销管理的主流和主角，得到了越来越广泛的应用。

企业战略营销，是由企业最高决策层直接主导的（敲黑板！画重点！）。企业战略营销通过有效整合企业内外部资源，打破传统营销模式的职能“壁垒”，从企业竞争战略的高度，将营销有机地融入企业的整体竞争战略之中，通过贯彻新营销理念来进行有效的营销创新，以保证企业持续健康发展，具有全方位营销理念。改革开放富裕起来的“创一代”，大部分现在非常关注、重视战略营销；而如今许多“留过洋、漂过海”的“创二代”，则在创业起点就从战略的高度认识市场、思考营销、管理企业。

因此，企业最高决策层是否具有企业战略营销理念和思维，是决定企业战略营销成功与否的关键。纵观目前各行业头部企业，基本都有强大的战略营销最高决策层，或引进具有战略营销理念和思维的“外脑”，以此共同做好企业战略营销。

战略营销强调战略定位、情景管理、领导力、执行力，并带来了营销管理理念、方法等一系列的转变：由零散的战术创意，转向系统战略营销；以价格为竞争导向，转向以整个价值链为激励体系；以抢夺渠道、终端为主，转向重点建立战略合作伙伴关系；以广告促销为主，转向整合营销传播。

战略营销是一种新的营销理念和思维，主张市场营销是产品导向、顾客导向和竞争导向的统一，是系统营销要素的整合。战略营销是一种精细化的营销模式，包含传统营销的所有过程。不同的是，战略营销的所有活动都是以顾客价值为导向，以顾客价值为归宿。

因此，战略营销实现了产品导向、顾客导向与竞争导向的融合，而且战略营销的实施是基于顾客需求并创造顾客需求，从市场驱动转化为驱动市场，这既反映了市场的规律，也反映了营销的本质，这就是战略营销的魅力所在。

战略营销理念认为，营销必须提升到战略高度来认识，要用全局意识、长远眼光来策划企业的营销活动。正是因为战略营销具有如此重大的意义，作用深远，所以我们可以看到，在企业年会或年度客户会议上，发布“年度营销战略”与“战略营销”成为企业会议的核心利器，都期望用战略营销塑造企业新增长曲线。当然，这种“年度营销战略”最好有干货，否则就是忽悠、瞎掰。

营销战略和战略营销

对于学习过工商企业管理的人来说，营销战略（见图 1）是最熟悉不过的一个职能战略，它与竞争战略、发展战略、技术战略等一样，都是企业战略的一部分。但是我们在从事市场营销的过程中，也经常碰到有人问营销战略与战略营销有什么区别。对于这个问题，有些人会混淆。事实上，它们之间既关系密切，又有许多不同。它们之间主要的不同包括：定义不同、特征不同、作用不同。

营销战略，是世界观；战略营销，是方法论。

营销战略，核心在于战略；战略营销，核心在于营销。

营销战略，目的在于确立目标，再通过战略营销实现目标。

营销战略，是为营销工作指明方向和目标，是指导方针，解决的是从哪里来、要到哪里去的问题；战略营销，只是营销的一个重要手段，是想要在战略层面上取胜对手的方法论，解决的是如何才能达到目的的问题，是实现目标的手段和路径。

图 1　营销战略五大基本战略

搞清楚了营销战略与战略营销的关系与区别，就知道了谁主谁次，就能够更好地以营销战略为主线、为核心开展营销活动，就能够把战略营销“细分、聚焦、增值”三大核心做好。

战略营销的三大核心

做好战略营销“细分、聚焦、增值”三大核心，企业战略营销就成功了一半。

（1）客户细分。如今，客户的个性化需求，成为引导消费的主流。所以，适合企业自身能力与资源匹配的客户群，才是企业最好的客户细分群。基于数据挖掘的客户细分，成为新零售时代企业的重要营销课题。

（2）客户聚焦。战略营销的聚焦就是客户聚焦。在客户细分的基础上，定义客户价值，精准聚焦自己的客户，为其精准研发制造产品、提供服务。如中国日化行业的防脱发洗发水，就是一个典型的客户聚焦成功的案例。

(3) 客户增值。战略营销基于客户价值，对客户进行细分，通过提升聚焦，提升市场竞争力，提高客户满意度与忠诚度，实现企业持续发展。苹果手机的“果粉”营销，应该说是典型的客户增值营销。还有许多提供高品质、高附加值产品的企业，都应该是玩战略营销客户增值的高手。

客户细分、客户聚焦其实就是一种“精准营销”“靶向营销”，通过集中目标市场营销策略，抢占细分市场；客户增值，也就是一种“价值营销”，就是通过为客户提供最有价值的产品与服务，创造出新的竞争优势、更多的利润。最典型的成功范例如格力电器，其战略营销“细分、聚焦、增值”三大核心一直围绕格力空调。

战略营销的五大特征

在了解了营销战略与战略营销的区别，以及战略营销“细分、聚焦、增值”三大核心后，进一步了解战略营销的五大特征，才能够出色地实现营销战略的总体设想和经营目标。

(1) 以市场为动力。战略营销包括旨在提高顾客满意度的各种经营行动。强调企业新产品和潜在新市场，竞争优势源于顾客。是否能获得竞争优势，既取决于厂商所取得的顾客满意度的高低（是否重复购买），又取决于厂商超越竞争对手的顾客满意度的高低（是否能吸引新的顾客购买）。实现持久健康营销，就要实现重复购买，吸引新的顾客购买，这也是企业或品牌可持续发展的关键。

（2）注重环境的复杂多变性。经营环境的日益复杂和变化多端，促进了具有监视市场和竞争对手功能的战略营销的兴盛。外因，改变了市场和竞争结构的组成方式；内因，营销处于组织与其顾客、渠道成员以及竞争对手的边缘。因此它是战略规划过程的核心。

（3）以顾客满意作为战略使命。传统营销4P（产品、价格、渠道、促销）的对象是顾客，而战略营销的对象是整个产业供应链的利益相关者（详见“关系营销”章节）。所以战略营销理念认为取得顾客满意的关键，在于将顾客的需要与组织的战略规划过程联系起来。

（4）围绕竞争优势的建立与发挥而进行。传统营销的主导作用主要是创造、发展需求，战略营销还要求调节不规则需求，甚至消灭某些不良需求，注重利用企业的资源、能力及外部力量建立“护城河”获得持续竞争优势。如苹果手机与iOS操作系统，就是通过建立“护城河”获得持续竞争优势。

（5）面向未来，注重长期目标。如市场份额、顾客满意或顾客忠诚。这就如同“吃着碗里的，看着盘里的，想着锅里的，盼着田里的”一样，有这样无穷无尽的“贪欲”，企业才会不断创新，企业才有未来，企业才能够持久发展。

如何成为一个有战略思维的市场营销人员，是市场营销人员面临的最大挑战之一，而好的解决方案就是坚持正确的战略思维方式。一家企业的最高决策层，应该是企业战略营销的直接主导者，并且需要拥有新的营销理念和思维；一家企业的生存与持续发展，需要有战略营销布局，需要把战略营销“细分、聚焦、增值”三大核心做好。

竞争的本质是盯住顾客而不是竞争对手，但是，战略营销强调，面对日益复杂的市场环境，如果只关注产品和顾客而忽视了竞争对手，企业往往就会在市场营销中失利。时刻关注竞争对手，做好横向比较，是了解顾客的好途径，也是战略营销非常重要的组成部分。

格力电器：由“品类聚焦”到“品类跨越”

欧睿国际数据显示：2021 年格力电器家用空调全球市场占有率达 20.2%，品牌零售销量再次登顶全球第一名。这是格力电器家用空调市场占有率连续 17 年稳定保持全球第一。

格力电器的战略营销一直聚焦“空调”这个细分市场实现增值，格力是当之无愧的空调行业领导者，格力电器成立

20 周年时总结核心竞争优势，其中一项就是品类聚焦战略优势。所以，格力长期集中资源、专注做强做大家用空调、商用空调、特种空调等制冷产业。

我们知道，做好战略营销“细分、聚焦、增值”三大核心，企业战略营销就成功了一半。格力电器在这样的战略营销方法论下，在格力空调的营销推广策略上，一直着力塑造、保持着简单时尚这一品牌风格。格力始终以“好空调，格力造”作为自己的品牌标志，全力营造格力空调的卓越品质和简单时尚的卓越品牌形象。这个就是“定位”精髓——聚焦是企业唯一和长期的战略选择，聚焦能够实现资源有效整合，能够形成核心竞争力，能够提升盈利能力，能够促进企业持续发展。

成也聚焦，败也聚焦。阶段性聚焦是战略进取，一味聚焦是战略反噬。这是当美的电器超越格力电器时我们看到的最多的批评。按照董明珠的话，就是“格力被空调绑架了 30 年”。

“新定位”精髓—— 聚焦是阶段战略，静态聚焦对品牌有害。在充满竞争、变化和危机的社会中，只有通过重新定位才能够无往不胜，持续帮助你创造客户、赢得利润。新竞争时代，面对“美的们”这些咄咄逼人的竞争对手，作为龙头企业的格力电器的战略营销应该是由“品类聚焦”到“品类跨越”，聚焦的不应该是某个产品小类，而应该是家电大品类。

为了避免“一味聚焦走下神坛”的尴尬与悲剧，空调龙头格力开始实施“品类跨越”与“美的们”抗衡，努力让格力撕掉“空调”标签，亦如当年京东撕掉“3C家电”标签成为全品类电商平台一样。今天成为世界伟大企业之一的苹果公司，当年就是没有被“聚焦”束缚住手脚，在乔布斯和库克的带领下，从Mac电脑到iPod播放器，再到手机、手表等，通过科技创新，创造了一系列伟大的IT电子产品，成为市值超3万亿美元的世界顶级公司。

品类拓展能力，是家电企业的核心竞争力。为此，格力基于家电品类相关多元化实施“品类跨越”战略是最好的选择。

除了空调主业外，格力电器也有众多家电产品，同时也有格力、晶弘、TOSSOT三大品牌，但是，70%左右的营收依然是空调贡献，格力电器要想跨越发展，需要更多如空调一样的家电产品，需要打造格力之外的第二品牌、第三品牌。如果有一天，“好空调，格力造”变成“好家电，格力造”，就是格力“品类跨越”战略实施成功，让我们拭目以待。

在化妆品行业，T透品牌同样演绎着由“品类聚焦”到“品类跨越”的战略营销。

T透品牌于2000年诞生，至今已经20多年，也算得上是化妆品行业的一个“老品牌”。创建初期，T透品牌就被定位为“T区护理专家”。为了形成核心竞争优势，T透品牌实施“品类聚焦”战略，集中资源，专注做大洗面奶品类。在这个战略营销下，T 透品牌取得了非常不俗的成绩，时至今日，“做晶莹 T 透的女人”这句脍炙人口的广告语，依然印在许多消费者的脑海中。

众所周知，T 区护理涉及肌肤毛孔粗、容易泛油光、长痘痘、肤色不均、容易产生黑头五大问题。因此，需要相对应的解决问题的产品。围绕 T 区护理这些痛点，T 透由“品类聚焦”转向“品类跨越”，研发生产了一系列清洁、去角质、控油、祛痘、去黑头等产品，让消费者 T 区部位肌肤晶莹剔透。

在功效成分上，T 透采用中草药天然成分，如青蒿、青梅植物提取物，帮助消费者解决 T 区肌肤护理难题，确保 T 区部位肌肤晶莹剔透。

战略营销是一种新的营销理念和思维，需要与时俱进。营销的实践性，决定了我们对营销的认识永无止境。企业要保持持续健康发展，很大程度上取决于对营销理解的升华。而企业战略营销，是由企业最高决策层直接主导的，因此需要与时俱进的就是企业最高决策层。

02

定位营销

源于 20 世纪 70 年代，由艾·里斯与杰克·特劳特提出的定位理论，距今已有半个世纪之久，却仍被无数广告人、营销人奉为圭臬，足见其影响力之大、意义之深远。从《定位》到《新定位》再到封笔之作《重新定位》，大家对定位理论应该是耳熟能详、烂记于心。

定位是一种思想，而不是一种定式。世界上唯一不变的就是变化，只有适应变化，才能拥有明天、拥有未来。在充满竞争、变化和危机的社会中，定位一样需要不断变化。重新定位，应对竞争；重新定位，应对变化；重新定位，应对危机。重新定位，让企业营销再破局，让企业无往不胜，持续创造客户、赢得利润。

世界上唯一不变的就是变化

这个世界上唯一不变的就是变化，只有适应变化，才能拥有明天、拥有未来。这不，杰克·特劳特（见图2）所著的有关定位理论的系列书籍，也是几十年来不断地变化着。

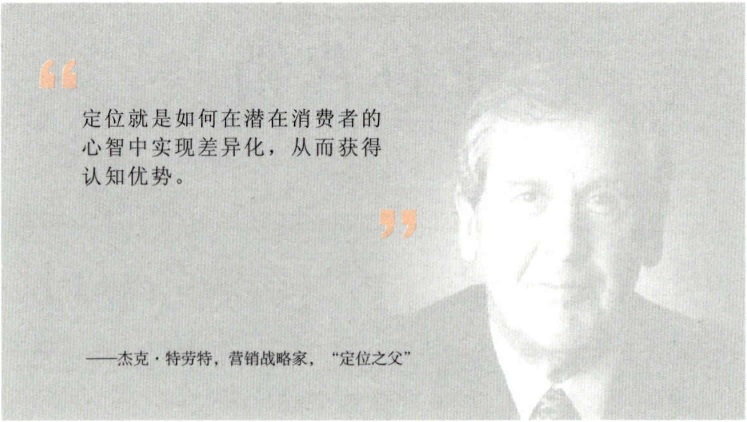

图2 “定位之父”——杰克·特劳特

首先，我们对杰克·特劳特的《定位》《新定位》《重新定位》三本书做个简单介绍与对比分析，看看它们有什么不同、有什么变化。

《定位》（1981年）：定位理论被称为“有史以来对美国营销影响最大的观念”。该书的贡献在于：为市场营销和企业战略从竞争者导向向消费者导向过渡找到了理论基础。定位，开创了“在竞争中胜出”的营销之道。定位即心理占位，就是“寻找你在消费者头脑中的位置”。它揭示了现代企业经营的本质——争夺消费者，为企业阐明了获胜的要诀：赢得心智之战，成为第一，是进入心智的捷径。但是，定位战略要求一贯性和一致性，在市场变幻莫测的情况下，它的局限性显现也是显而易见的。

《新定位》（1996 年）：定位是一种思想，而不是一种定式。该书弥补了《定位》的不足，实现了由“寻找你在消费者头脑中的位置”（被动），转向“确立你在消费者头脑中的位置”（主动），强调从消费者的角度进行定位（转向深挖消费者）。为了适应竞争和变化，定位也要与时俱进，而且要冲破传统规则和思维定式，强调定位中的感觉创意。该书延续了《定位》以往的风格——一部分理论、概念，并辅以大量的案例佐证。

《重新定位》（2011 年）：这个是杰克·特劳特的封笔之作。重新定位，应对竞争；重新定位，应对变化；重新定位，应对危机。就是在充满竞争、变化和危机的社会中，通过重新定位让企业无往不胜，持续创造客户、赢得利润。

重新定位成功的案例可谓数不胜数，其中令我们印象深刻的有：江小白重新定义了时尚小酒，开创了白酒的一系列时尚喝法。江小白重新定位的成功，使其一下子成了“网红神酒”，2018 年销售额一跃突破 20 亿元；香飘飘重新定义了奶茶，完胜优乐美的五重封杀。

当然，也有重新定位失败的案例，如仁和药业“闪亮”牙洁素，定位“非传统牙膏”，最终以失败告终。

你需要了解定位的三个层次

关于定位的三个层次，我们看过不同的版本，有人说是产品定位、市场定位、传播定位三个层次，有人说是传播、竞争、战略三个层次。我们倾向于第二种说法，让我们来了解一下（见图3）：

农夫山泉	王老吉（加多宝）	东阿阿胶
传播层次：农夫山泉有点甜	传播层次：怕上火，喝王老吉	传播层次：滋补国宝
竞争层次：天然的弱碱性水	竞争层次：预防上火	竞争层次：滋补三大宝
战略层次：天然水	战略层次：预防上火的饮料	战略层次：正宗高端阿胶

传播层次的定位，旨在建立认知优势；竞争层次的定位，旨在建立兵力优势；战略层次的定位，旨在建立运营优势。

图3　定位的三个层次案例示意图

（1）传播层次。定位是“寻找你在消费者头脑中的位置”（心智占位），即如何更有效地把品牌信息植入消费者的心智，实现品牌与消费者之间的沟通。那么，能够找到消费者心智中的空位的方法就是传播。传播即营销，营销即传播。

（2）竞争层次。市场竞争越来越激烈，定位是如何在潜在消费者的心智中实现差异化，从而获得认知优势、竞争优势。这个阶段，是为了打击对手，需要通过定位确定你选择哪一种战略方式进行攻防。

（3）战略层次。这个层次的定位旨在建立运营优势，要解决的问题是如何围绕打造差异化的产品诉求来整合企业的资源。

定位营销，到底定位什么？

定位是一项研究消费者心智的工作，是利用消费者已有的观念、认知，借助一个与之相关的概念，通过传播迅速找到消费者头脑中的购买清单（心智）。定位营销，就是通过发现消费者不同的需求，合理定位，并不断满足需求的过程。定位营销的实质，就是消费者、市场、产品、价格及广告的重新细分与定位。

（1）消费者定位。寻找消费者的特殊需求或需求差异，准确定位，投其所好。影响消费者心理需求与购买动机的因素有以下几种：消费者的价值心理、消费者的规范心理、消费者的习惯心理、消费者的身份心理、消费者的情感心理。

（2）市场定位。产品的市场定位，决定了产品的发展方向，产品的市场定位准确与否，关系到产品推广的成败。市场定位参考变量包括目标消费群、消费力、消费特点、销售渠道、传播方式等。

（3）产品定位。就是创造产品差异性，找准产品的卖点和切入点。有效的产品定位，需要全面挖掘产品本身的特异点，同时需要深入了解竞争对手的产品定位，充分研究消费者对产品的价值追求，因此当然离不开有效的定位传播。产品的五个层次为核心产品、形式产品、期望产品、附加产品、潜在产品。

（4）价格定位。走出低价竞争的误区，合理科学定价。市场上卖得最好的产品往往是那些质量优、服务好、价格合理的产品。当然，价格的定位要取决于企业的战略定位、未来产品、盈利能力及市场发展方向。

（5）广告定位。既要有好的创意，又要将产品独特的卖点诉之于消费者。广告定位“九字真经”：对谁说（选择目标消费者），说什么（广告内容、创意，产品诉求点），怎么说（艺术风格及表现形式）。好的广告定位，是自身产品区别竞品、创造独特优势的一种有效手段，是差异化策略的具体表现。

定位理论失效、过时了吗？

2001 年，定位理论击败瑞夫斯的 USP 理论、奥格威的品牌形象理论、科特勒的营销管理理论、迈克尔·波特的竞争价值链理论，被美国营销学会评选为“有史以来对美国营销影响最大的观念”。

在中国，王老吉（加多宝）、东阿阿胶、农夫山泉、娃哈哈、长城汽车、九阳豆浆机、六个核桃……一大批企业和品牌都通过定位理论取得商业成就。但是，进入互联网时代、数字时代，经常听到有广告人、营销人说：定位理论失效了、过时了；也有人这样说：不是定位过时了，而是塑造定位的方法失效了。定位理论真如那些人说的失效了吗？不！我们认为，它的春天刚刚到来。

特劳特在其封笔之作《重新定位》中指出，定位思想下的“差异化”“与众不同”“成为第一”已远远不能应对巨变时代的挑战——然而，这不是说定位理论该退出历史舞台了，而是说，定位也得与时俱进。

究竟孰是孰非？其实，每个人都有自己的观点，我们不想讨论谁对谁错，这没有意义。这个问题必须在根上才能找到答案。造成大家议论和攻击定位理论的几个误区如下：

一是认为小企业不需要定位。战略就是定方向，定位就是取舍，做出选择。如格力，开始就是专注“空调”品类研发、生产和销售，做成专家领袖品牌，然后再推出“晶弘”（高端小家电）和“大松”（生活电器）品牌。有些人认为定位理论对大企业才有用，小企业不需要定位。这是大错特错，小企业更要专注，要聚焦，否则什么也做不好，因为能力和资源不匹配。

二是认为定位“竞争论”不合时代。有些互联网人士认为，传统的定位就是竞争思维，现在爆品时代是用户思维，不需要定位，需要打造爆品（其实就是传统营销的拳头产品、大单品），要找需求点、痛点，引爆传播……将定位的竞争思维与爆品的用户思维对立起来加以批判，是不对的。如果竞争思维与用户思维联合出击，效果岂不更佳？

三是认为定位不适应互联网快经济。有些互联网人士认为，传统的定位注重策划、规划、品牌，相比互联网时代的快速敏捷、业绩第一、实效为王，定位的确是个“软肋”，这也许就是定位被“否定”的根本原因。尤其是直播营销，最注重的是台词（说辞）、价格优惠、促销活动，以收获更好的营销效果。直播营销对定位、品牌基本不关心、不重视，他们最关心的是流量变现与电商 GMV（成交总额）。

其实，品牌战略、定位还是非常必要的，如果方向错了，再怎么努力，只会距离目标更远而已。现在已经进入认知时代，战略、定位、创意并不过时，只是运用的工具和方法变了，我们要运用互联网技术和工具，实现转化。

美妆行业定位营销成功案例

关于定位营销，前面已经讲过，包括消费者定位、市场定位、产品定位、价格定位、广告定位。在中国美妆行业，定位营销成功的案例不胜枚举。下面，我们就以云南白药牙膏、贝泰妮、丸美三个定位营销成功的案例进行探讨、分析。

案例1：定位营销，
让云南白药牙膏成为牙龈护理品类冠军

2004年，云南白药牙膏正式上市销售。1年实现盈利，3年累计销量过亿。2019年5月，云南白药牙膏凭借20.1%的市场份额全渠道超越对手，成为中国牙膏市场第一品牌（随后四大品牌分别为黑人、高露洁、佳洁士、中华）。2019年，云南白药牙膏营收规模为46.79亿元，同比增长16.39%，牙膏营收占总营收的15.77%。云南白药牙膏营业收入由2011年的9.60亿元增加至2019年的46.79亿元，营收规模呈直线上升趋势。

2020年，云南白药健康事业部实现营收54亿元，同比增长15%；年末，云南白药牙膏市场占有率达到22.2%，持续稳居全国第一，龙头地位进一步稳固。2020年，以云南白药牙膏为核心的口腔清洁用品生产与销售贡献了18.94亿元，占扣非净利润28.99亿元的一半以上。

综上数据可知，云南白药牙膏已经成为云南白药集团的“明星产品”，云南白药卖牙膏真的比卖药赚钱。更有媒体“戏言”：有着国家级保密配方的云南白药，到底是卖药的还

是卖牙膏的？所以，我们可以大声说、大胆说，云南白药牙膏，是定位营销破局、制胜的典型应用。

1. 消费者定位：明确消费者的需求

云南白药集团对消费者精准分析后发现，国人牙周病的患病率在90%以上，牙龈出血、牙龈肿痛、口腔溃疡等是最常见的问题。于是决定将消费群体定位为：需要解决牙龈痛点的人群。于是，患有牙龈炎和牙周炎、牙龈乳头炎、牙龈瘤、口腔癌等的患者或想预防这些口腔疾病的人，成为云南白药牙膏的主要销售对象。这样，就与黑人、佳洁士、高露洁等头部品牌的防蛀、美白、口气清新产品不发生正面冲突。

2. 市场定位：市场细分与目标市场选择

云南白药牙膏通过消费者定位，顺理成章将解决牙龈痛点这一细分市场定位为其目标市场；目标市场定位策略是无视差异，即对整个市场仅提供一种产品（只是香型区隔）。区隔竞争对手，进行消费者细分、集中产品，是作为新进者的最佳选择。

3. 产品定位：满足目标消费群体需求

产品是满足消费者需求的载体。云南白药牙膏的产品定位就是：解决牙龈痛点的功效性牙膏。因此，云南白药集团改良牙膏成分，将有着国家级保密配方的云南白药的活性成分运用到牙膏里，帮助缓解牙龈问题、修复黏膜损伤、改善牙周疾病。如此精准的产品定位，准确抓住了消费者的需求，云南白药牙膏迅速在需要解决牙龈痛点的消费者头脑中“占位”。

4. 价格定位：中高端保健牙膏产品

由于云南白药集团最熟悉、最有优势的渠道就是OTC（非处方药）连锁药店，加上解决牙龈痛点的消费者定位，刚开始云南白药牙膏选择了反传统的销售渠道，主要选择了OTC连锁药店，强化牙膏的保健功能（当然，后面品牌进入大卖场及超市成为销售核心）。因此，云南白药牙膏根据细分市场战略，将产品向中高端市场渗透，定价远远高于头部品牌竞争产品（以前的牙膏价格普遍偏低，10元以上的牙膏寥寥无几）。对消费者而言，当一支牙膏作为解决口腔问题的保健品出现时，二三十元的价格往往很容易接受。

5. 广告定位：帮助缓解牙龈问题

为了抢占消费者心智高地，云南白药牙膏的广告定位自然是解决牙龈痛点，帮助缓解牙龈问题（牙龈出血、牙龈疼痛）、修复黏膜损伤和改善牙周疾病。从濮存昕到黄晓明、井柏然，再到沈腾、张若昀等，虽然不断更换品牌代言人，但是云南白药牙膏的广告诉求一直没有改变，其中心一直是将专业、有品质、有温度的“治愈系口腔”品牌理念传递给目标消费者。

在广告表现与传播诉求上，重点通过场景式营销，强化产品功能——帮助缓解牙龈问题（牙龈出血、牙龈疼痛），特别是牙龈出血问题。

案例2：定位营销，让薇诺娜崛起成敏感肌护理龙头

随着千禧一代消费群体的渐渐崛起，中国国产护肤品异军突起。而在众多的国产化妆品中，贝泰妮（300957. SZ）旗下的薇诺娜品牌无疑是其中的代表，以“敏感性皮肤护理”定位作为突破口成为行业中的佼佼者。2020年，贝泰妮实现营业收入26. 36亿元，同比上升35. 64%；实现归属于上市公司股东的净利润5. 44亿元，同比上升31. 94%。在贝泰妮公司，九成以上的利润来自主打品牌薇诺娜。

数据显示，2019—2020年，薇诺娜在国内皮肤学级护肤品市场排名第一。2019年中国国内皮肤学级护肤品市场份额TOP5品牌：薇诺娜20. 5%、雅漾14. 5%、理肤泉12. 5%、薇姿7. 1%、芙丽芳丝6. 3%。相比之下，薇姿、雅漾等外资品牌份额呈持续下滑态势。

薇诺娜成功的秘密，就是定位营销。定位营销，让薇诺娜崛起成敏感肌护理龙头品牌。在抗敏护肤国潮品牌中，薇诺娜已是名副其实的顶流。其破圈的背后，是原滇虹药业负责人，贝泰妮创始人、董事长兼总经理郭振宇精准品牌定位的成功。

切入皮肤学级护肤品市场，聚焦“舒敏”细分赛道，是

薇诺娜定位营销成功的核心、关键。“聚焦打造，在细分赛道做到品类第一。”这是郭振宇的市场营销打法。

众所周知，大部分护肤品都集中在补水、保湿、滋润、美白等领域，而在皮肤学级护扶品市场领域，主要是以雅漾、理肤泉、薇姿、芙丽芳丝、修丽可为核心的外资品牌。相较于护肤品行业，皮肤学级护肤品市场由于进入门槛高，头部品牌集中度会更高。皮肤学级护肤市场产品的功效主要为抗氧化、抗衰老、抗痘、舒敏、修复等。

于是，以医药发家，集研发、生产和营销为一体的贝泰妮将薇诺娜品牌定位为“皮肤健康互联网＋的大健康产业”，以“敏感性皮肤护理”定位作为突破口，全面进军中国皮肤学级护肤品市场。薇诺娜品牌定位的目的就是在竞争激烈的美妆市场红海中杀出一条独特的路径。我们发现，国内品牌玉泽、润百颜、颐莲等都选择了皮肤学级护肤品这个细分市场。

数据显示，2019 年中国皮肤学级护肤品市场容量为 135.51 亿元，2014—2019 年年均复合增长率达到 23.2%，远高于护肤品行业整体增速。对标成熟市场，2019 年我国皮肤学级护肤品在护肤品行业的渗透率为 5.5%，远低于美国的 14.7% 和法国的 43%。按照我国女性敏感肌发生率 36%、人均消费额 90 美元/年估算，仅敏感肌护理市场规模即可达 680 亿元。

懂得定位、懂得取舍的薇诺娜，因为选择了正确的细分赛道，所以销售额节节攀升，最终以销售规模、市场占有率“双第一”稳坐中国皮肤学级护肤品市场龙头宝座。

在渠道定位上，与云南白药牙膏选择以OTC连锁药店渠道为核心不一样，薇诺娜选择了以“互联网+”的线上渠道为核心，避开了雅漾、理肤泉、薇姿这些皮肤学级护肤品市场头部品牌已经牢牢占领的OTC连锁药店渠道。渠道定位的“避强”策略，使得薇诺娜得以生存、发展，并迅速破圈。薇诺娜选择线上市场，就是选择年轻一代的消费群体，通过撬动粉圈、拉动粉丝经济，提升了市场占有率。如在2019年“双11”当天，薇诺娜线上线下全渠道销量合计突破7.2亿元，其中线上渠道4.7亿元，线下渠道2.5亿元。

薇诺娜与其他国潮护肤品牌相比，以“做药的思路”来打造品牌是最大的不同。薇诺娜瞄准敏感肌市场，是贝泰妮的拳头品牌。敏感肌市场号称“护肤品里的黄金赛道”。薇诺娜在中短期内，聚焦再聚焦，集中所有资源与精力打造“敏感性皮肤护理”产品，特别是明星产品、爆品，把敏感性肌肤这个点挖深打透，加强对私域流量的建设，致力于把薇诺娜品牌做大、做强。所以，薇诺娜舒敏保湿特护霜、舒敏保湿修护精华液等明星单品，成为支撑其品牌定位的核心产品，成为薇诺娜稳居功能性护肤品牌TOP1的功臣。尤其是薇诺娜舒敏保湿特护霜，具有修护敏感肌、及时舒缓敏感、修护皮肤屏障三大效用，获得了国际认证及学术界的高度认可和消费者的一致好评，迅速成为薇诺娜王牌爆款，被称为“敏感肌救星”。

为了打造薇诺娜核心竞争优势，贝泰妮实施“技术+营销”双管齐下战略，让产品力、学术力、运营力形成综合力。贝泰妮把薇诺娜定位为皮肤健康消费品，不断对其加大科技投入。截至目前，贝泰妮研究员携手中国皮肤学专家、植物学专家、生物学专家取得了46项专利，还有11项未申请专利的核心技术。

贝泰妮对薇诺娜品牌进行了一系列精准定位，经过10年的打磨，在强力的研发支撑与营销破局下，深耕敏感肌市场的薇诺娜终于成为网红品牌，破圈成为敏感肌护理龙头。最终，实现了贝泰妮（300957. SZ）上市，短短3个月时间就缔造了千亿元市值。

案例3：定位营销，成就丸美中国眼霜销量第一品牌

丸美股份：变革元年，任重道远。2020年，丸美股份在新品开发、电商渠道、数字化、内容营销、年轻用户获取等方面均有显著进步；公司产品定位高端，与国际品牌面临正面竞争，销售价格管控严格，线下渠道受疫情影响严重，业绩承

压，营收与利润双双下降。

年报显示，2020年丸美股份（603983）实现营业收入17.4亿元，同比下降3.1%，归属股东净利润4.6亿元，同比下降9.8%，扣非归属净利润4.0亿元，同比下降10.5%。主营品牌丸美营业收入约16.6亿元，同比基本持平，占比95.1%。其中丸美眼部护理类产品营业收入6.3亿元，同比增长14.2%，占比36.1%。由数据可知，丸美眼部护理、抗衰的品牌定位进一步强化。

2000年丸美诞生，2001年经典定位“眼部动力，打开吸收胃口”。从此，丸美的品牌定位就一直是“眼部肌肤护理”。聚焦于眼部肌肤护理的研究和高品质眼霜的开发，丸美二十年如一日！为了达成“眼部护理大师”的目标，丸美的定位营销（包括消费者定位、市场定位、产品定位、价格定位、广告定位等）一直坚持传承与创新。

专注眼部护理，成就龙头。丸美成立之初定位、卡位“眼部护理、抗衰”这个细分赛道，相对保湿、美白护肤类目进入壁垒高。但是，丸美创始人孙怀庆敢于创新、敢于挑战，坚持认定“眼部护理大师”的品牌定位，通过“日本人研发、法国人设计、中国人营销”品牌铁三角战略，最终成就了品牌梦想。苍天不负有心人，如今，丸美已是中国眼霜销量第一品牌。

在眼部护理、抗衰产品开发上，丸美不断推陈出新：2001

年，丸美凭借眼部多元细胞修复素，获得美容大奖；2004 年，丸美推出眼部防晒乳，该眼部防晒乳成为中国市场第一支获得特殊用途化妆品许可的产品，这一时成为丸美技术实力的见证；2007 年，丸美推出了弹力蛋白眼精华，自此开启了丸美品牌史上“弹弹弹，弹走鱼尾纹”的风潮，这是丸美最成功的产品；2012 年，丸美同时推出“眼部护理大师”系列共 5 款眼部产品，日夜分时，对症护理，把眼部护理推到新的技术高度；2014 年，丸美弹力蛋白眼精华第四代创世革新，弹力蛋白凝时紧致眼精华在法国巴黎首发；2017 年，丸美眼霜匠心之作多肽蛋白提拉眼袋精华液上市；2021 年，丸美“小红笔”眼霜上市，由《创造营 2021》成团 INTO1 成员米卡代言，开启“90 后”“95 后”消费群黑科技护眼新潮流。

如今，丸美针对不同年龄层的消费群体，打造了多款功效不同的眼部护理产品，以不同眼霜系列的差异化定位覆盖了不同年龄段和不同消费水平的客户群。目前，丸美以较大优势领跑中国本土市场，眼部护理产品成为公司的主要营收与利润贡献来源。当然，这得益于丸美眼部护理产品“轻奢”的价格定位。

在广告定位与传播上，丸美眼部护理、抗衰产品先后携手鲁豫、周迅、梁朝伟、杨子姗、彭于晏、杨颖、米卡等代言人，通过不同风格、不同主题、不同诉求的极致创意与科技表现手法，尽显丸美作为中国眼霜第一品牌的魄力。

以眼部护理、抗衰为细分赛道，专注眼部肌肤护理，丸美终成“眼部护理大师”。回顾丸美20年崛起之路，可谓励志。整体而言，眼部护理市场属于离散竞争型市场，行业集中度不高，前十品牌只抢占了21%的市场份额。中高端眼部护理已被欧美日品牌强势占领，丸美以精准定位、卡位中高端价格优势排行第三，本土品牌排行第一。为此，让我们为丸美定位营销破局成功鼓掌！

03 整合营销

整合营销，是对各种营销工具和手段的系统化结合，以产生协同效应，并根据环境进行即时性的动态修正，以使双方在交互中实现价值增值的营销理念与方法。整合营销，是企业营销破局的核心武艺。

整合，就是把各个独立的营销综合成一个整体，以产生协同效应。一般来说，整合营销包含两个层次的整合：一是水平整合，二是垂直整合。

什么是整合营销?

众所周知，整合营销理论产生和流行于20世纪90年代，是由美国西北大学市场营销学教授唐·舒尔茨提出的。整合营销作为一种舶来的新型营销理论和模式，对许多从事营销、广告的人士来讲并不陌生，一直受到中国人的热议，有的人甚至视其为“教战守策”。

有人说：“整合营销是一种系统化的营销方法，具有自身的指导理念、分析方法、思维模式和运作方式，是对抽象的、共性的营销的具体化。”所以，整合营销是一种实践方法，需要通过不断的实践来完善。

整合营销，是对各种营销工具和手段的系统化结合，以产生协同效应，并根据环境进行即时性的动态修正，以使双方在交互中实现价值增值的营销理念与方法。

整合营销具有如下特征：

（1）在整合营销传播中，消费者处于核心地位。

（2）对消费者进行深刻全面的了解，是以建立资料库为基础的。

（3）整合营销传播的核心工作是培养消费者价值观，与那些最有价值的消费者保持长期的紧密联系。

（4）以本质上一致的信息为支撑点进行传播。企业不管利用什么媒体，其产品或服务的信息一定得清楚一致（传播一致性）。

（5）以各种传播媒介的整合运用为手段进行传播。凡是能够将品牌、产品类别和任何与市场相关的信息传递给消费者或潜在消费者的工具，均被视为可以利用的传播媒介。

实施整合营销的重要意义：

（1）有利于优化资源配置。实施整合营销，能够将消费者需求同企业发展相结合，企业可以利用有限的资源，实现企业目标。

（2）有利于实现协调统一。整合营销具有协调统一性，这个特点不仅能够保障企业在发展过程中实现内部发展的协调统一，而且有利于实现企业同外部市场之间的协调统一，保障生产出来的产品适合市场需求，满足消费者需要。

（3）有利于实现企业规模化经营。整合营销属于一体化的营销模式，因此在发展过程中，企业要重视现代化生产和规模化生产。整合营销能够为企业发展提供规模化和现代化发展战略，保障企业科学化发展。

（4）实施整合营销是市场经济发展的必然性。整合营销符合市场经济的发展需求，能够将多样化的市场媒介进行有机整合，从而形成独特的营销模式，有利于企业优化资源配置，优化企业内部结构，提高企业竞争力，满足消费者需求。

（5）有利于企业走国际化营销发展道路。整合营销适应了市场经济的发展之路，整合营销的发展有利于企业优化升级，不仅能够推动企业内部资源的优化配置，而且有利于实现企业各部门之间的整合，实现企业近期目标和长远目标的有机整合，从而为企业国际化发展提供战略决策。

整合营销整合什么?

现今，营销方式与手段多种多样，整合营销势不可挡。那么，现在所有营销人都在谈论或实施的整合营销究竟整合什么?一般来说，整合营销包含两个层次的整合：一是水平整合，二是垂直整合。

一、水平整合

1. 信息的整合

信息是指用语言、文字、符号、声音、图形（图像）等形式所表示的内容，不同形式的信息就是内容营销。当企业向消费者传播一定的信息时，我们应该站在消费者与媒介传播的角度，对所有的信息进行整合，根据企业所想要达成的传播目标，对消费者传播一致的信息，有效吸引消费者。

2. 传播工具的整合

整合营销传播工具主要包括广告、在线营销、公共关系活动、直接营销、促销活动、展会活动等。

为达到信息传播效果最大化，节省企业传播成本的目的，企业通过有效整合营销传播工具，进行整合营销传播，实现与消费者的有效沟通，不断改进产品和服务，最终为企业带来更多的收益。

3. 传播要素资源的整合

企业的一举一动、一言一行都是在向消费者传播信息，应该说，传播不仅仅是营销部门的任务，也是整个企业所要担负的责任。所以，有必要对企业的所有与传播有关联的资源进行整合，这种整合也可以说是对接触管理的整合。

二、垂直整合

1. 市场定位的整合

市场定位，是指为使品牌产品在目标消费者心目中相对于竞争产品而言占据清晰、差异和理想的位置而进行的安排，目的是使品牌产品在目标市场中占据优势。

任何一个产品都有自己的市场定位，这种定位是基于市场细分和企业的产品特征而确定的。企业的任何营销活动都不能有损企业的市场定位，所以需要对品牌产品的市场定位进行整合。

2. 传播目标的整合

有了明确的市场定位以后，就应该确定传播目标了。想要达到什么样的效果、多高的知名度、传播什么信息等，都要进行整合，有了确定的目标才能更好地开展工作。

企业实施整合营销的目的主要有：一是与消费者建立一种互动式的营销关系，不断了解消费者，不断改进产品和服务，满足他们的需要；二是培养忠诚的消费者。

3. 4P 整合

4P 营销理论，我们都耳熟能详，但却没有理解 4P 营销理论的精髓——整合。

4P 整合主要是根据产品的市场定位设计统一的产品形象。各个 P 之间要协调一致，避免互相冲突、矛盾。

4. 品牌形象的整合

品牌形象的整合，主要是品牌识别的整合和传播媒体的整合。名称、标志、基本色是品牌识别的三大要素，它们是形成品牌形象的中心要素。品牌识别的整合，就是对品牌名称、标志和基本色进行整合，以建立统一的品牌形象；传播媒体的整合，主要是对传播信息的整合和对传播途径的整合，以最小的成本获得最好的效果。

品牌识别，指从产品、企业、人、符号等层面定义出能打动消费者并区别于竞争者的品牌联想，与品牌核心价值共同构成丰满的品牌联想。

传播媒体，主要类别有平面类（如报纸、杂志）、影视类

（如电视、电影）、声音类（如电台、广播）、移动网络类（如手机、电脑）等。

整合营销策略的实施流程如图 4 所示。

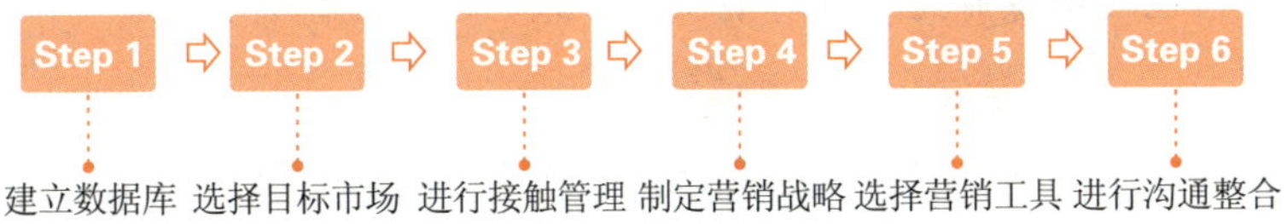

图 4　整合营销策略的实施流程

整合营销的操作思路

整合，就是把各个独立的营销综合成一个整体，以产生协同效应。那么，整合营销的操作思路是什么？

1. 以整合为中心

整合营销以消费者为中心并综合利用企业所有资源，实现一体化营销。整合，既包括企业营销过程、营销方式、营销管理等方面的整合，也包括对企业内外的商流、物流及信息流的整合。

2. 讲求系统化管理

系统化管理，是指整体配置企业所有资源，内部包括企业各部门和各岗位，以及总公司、子公司；外部包括供应商、经销商、分销商及相关合作伙伴，大家协调统一行动，形成竞争优势。

3. 强调协调与统一

协同效应，是实施整合营销所要追求的效果，企业营销活动的协调性，不仅仅是企业内部各环节、各部门的协调一致，而且也强调企业与外部环境协调一致，以实现整合营销。

4. 注重规模化与现代化

整合营销十分注重企业的规模化与现代化经营。规模化经营不仅能使企业获得规模经济效益，还为企业有效地实施整合营销提供了客观基础；整合营销同样也依赖于现代科学技术、现代化的管理手段，现代化经营可为企业实施整合营销提供有效保障。

在网络时代，当不同用户关注同一媒体的相同界面时，大数据技术可以做到向其提供不同的信息，实现了对用户的个性化营销。

整合营销传播是品牌从多维度、全方位进行营销的总和，以获得高效率的传播为目的。通俗化的解释就是为提高品牌的营销效率以及整体效果，将众多独立的营销综合成一个整体，以达到更强的协同效应。

可口可乐是整合营销经典案例之一。首先企业定下了“有责任的市场营销准则”，这条准则是其整合营销的基础。“统一显性的品牌元素、线上与传统媒介投放、全渠道合作、社区支持”四个战术，把可口可乐各个独立的营销综合成一个整体，以产生协同效应。

宝洁的发展与其整合营销传播体系密不可分。宝洁 2021 年财报显示，宝洁净销售额达到 761.18 亿美元（约合人民币 4918.44 亿元），同比增长 7%；净利润达到 143.06 亿美元（约合人民币 924.4 亿元），同比增长 10%。2021 年宝洁的净销售额及其增幅，都是其最近 10 个财年的最高值。宝洁能够获得如此骄人的业绩，与其整合营销、“瘦身运动”有着非常大的关系。

整合营销在消费者看得见的地方，以各种广告创意、物料等形式而存在；在消费者看不见的地方，则是品牌主真正的战场。宝洁旗下品牌数不胜数，为了培养“头部”“优质”品牌，宝洁至今已经砍掉了近 100 个业绩表现不佳的品牌，包括中国消费者熟悉的卡玫尔、激爽等品牌。

为了节约广告费，宝洁发起了数字革命，大刀阔斧地砍掉了上亿美元的广告费用，不希望将广告费用花在虚假的点击上或者不合时宜的广告媒体上。当然，宝洁也在不断增加费用，在社交媒体上“种草”与策划组织各种活动，或跨界联合行动，以孵化目标消费者。同时，加强电商、直播带货，提升宝洁核心品牌的销量与利润。

案例1：自然堂

"你本来就很美"是"来自喜马拉雅的自然主义品牌"——自然堂——的广告语，自然堂是中国本土品牌实施整合营销成功案例之一。

没有核心价值，不足以成就品牌。由此，伽蓝集团旗下品牌自然堂将"来自喜马拉雅的自然主义品牌"定位贯穿其整合营销始终。他们紧紧咬住"喜马拉雅"基因不放松，通过不断的创新与传播，用"来自喜马拉雅的自然主义品牌"定位抢占消费者的心智。

喜马拉雅成为自然堂整合营销产品源头和基因传承的根本。自然堂，大自然美的发现者，从雪域中寻觅美肤灵感，针对东方女性肌肤特点，甄选大自然中的珍稀成分，运用先进科技，将自然的魅力贯彻到每一款补水面膜、男士爽肤水、保湿乳液……

自然堂保护性开发喜马拉雅山脉的自然资源，满足消费者乐享自然、美丽生活的产品需求。作为一个有态度和价值观的品牌，自然堂希望在提供给消费者优质产品的同时，也能激发起他们对品牌文化和理念的认同。从"卖产品"到"引领生活态度"再到"传递品牌精神"，自然堂的愿景，不仅仅是销售量和市场份额上的领先，更希望实现对消费者精神价值的引领，让亿万消费者都能自信起来。从“自然”到“自信”，自然堂引领消费者的价值观，这是自然堂整合营销的质变与升华。基于这样的消费者洞察，2016年自然堂在“你本来就很美”的广告语基础上，配合奥运，又提出“自然自信，做‘十分’的自己”的品牌主张。

近年来，自然堂从产品到营销都越来越年轻化。在品牌年轻化战略上，自然堂按照“取其所需，投其所好”进行整合营销。在产品开发上，紧紧围绕“自然、年轻、自信、颜值、科技”主题。2019年，自然堂为探索喜马拉雅茶文化历史，研究茶的生产源头，将沉淀千年的茶之智慧赋予茶膜，推出茶马古道面膜系列；在与年轻一代的沟通上，先后大胆签约了几位青春偶像代言人，向年轻一代传达自然堂的自信理念；在营销手段上，自然堂也是年轻人爱什么就“玩”什么，用年轻人喜闻乐见的表达方式来做传播，用年轻人的“语言”来讲品牌故事。对于年轻人喜好的精准把握，为自然堂收获了一大批年轻粉丝，也让品牌越活越年轻。如在茶马古道面膜的营销上，采用“茶马古道面膜空间”场景式营销，打造立体品牌体验。这是洞察消费者、宠粉玩转年轻一代的开拓性跨界营销。

自然堂在公益活动中，依然围绕喜马拉雅进行，按照自然堂的说法叫“取之自然，回馈自然”。一家企业要想行稳致远，就必须具有高度的社会责任感。自然堂喜马拉雅公益草场、自然堂喜马拉雅公益基金，便是自然堂公益模式的创新：具有可持续性，将公益和公平贸易、原料来源等结合在一起，对自然资源进行保护性开发，取之自然，回馈自然。吴敏霞、陈若琳、何姿、秦凯等中国跳水队成员已加入喜马拉雅环保公益基金，成为首批“自然堂·喜马拉雅公益合伙人”。

案例2：怡亚通

深圳市怡亚通供应链股份有限公司成立于1997年，是以物流为基础，以扁平化、共享化、去中心化的“1 + N”供应链平台为载体（全面覆盖、全域营销、全程服务），以品牌运营、产业运营为核心，帮助客户实现市场份额保量、增量，从而提升客户核心竞争力的整合型运营服务商。

作为中国供应链第一股的怡亚通，是整合营销的典型代表与成功范例。怡亚通综合商业平台的整合之道（见图5），就是科技、整合、创新三大法宝的结晶。

怡亚通集团董事长兼首席执行官周国辉认为：“怡亚通用供应链的思维进行整合，打造共享经济体，实现整个社会、国家资源的集约化、高效化，进而保证质量、控制成本、提升社会效益。”

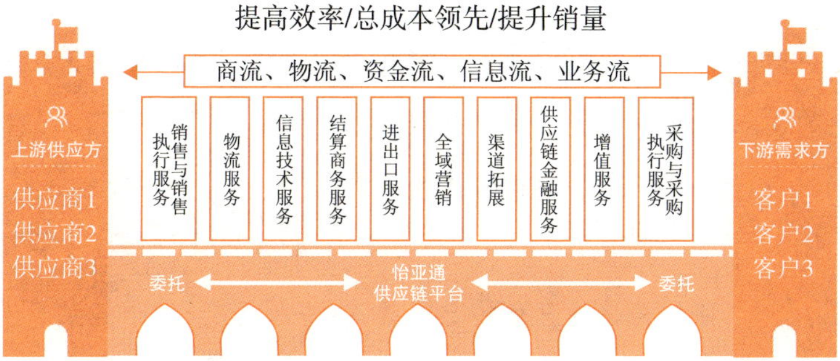

图5 怡亚通整合型供应链服务平台

怡亚通倡导整合、共享、协同、创新，构建共融共生的供应链商业生态圈，认定供应链即整合、即效率。目前，供应链服务——怡亚通“创新”服务——主要有：供应链基础服务、产业供应链、流通消费、数字营销、供应链产业园（见表1）。

表1 供应链服务——怡亚通“创新”服务

供应链服务	主要内容
供应链基础服务	采购服务/销售服务、扁平渠道及直供服务、VMI（供应商管理库存）服务、平台+营销合伙人
产业供应链	大客户“1+N”、产业供应链、政企采购、综合商
流通消费	平台服务、品牌运营、新零售
数字营销	整购网、怡通云、药购App、家电客、怡亚通App
供应链产业园	布局涵盖区域总部、科技产业园和物流园区

怡亚通整合型供应链服务平台的主营业务为“分销+营

销”、品牌运营、跨境和物流服务、平台间关联交易等。该平台帮助企业“专注核心业务，非核心业务外包”，企业借助专业的供应链服务平台，提升自身核心竞争力，成为全球资源整合型企业，获得稳健发展的持续动能。

作为中国供应链服务的先行者，怡亚通提出供应链外包服务理念，围绕核心企业及其上下游（1+N），承接企业从原材料采购到产品销售的整个供应链中的非核心业务外包，开创了供应链基础服务模式，提供大客户“1+N”、采销整合运营、品牌运营、中小企代采、投融孵、政企采购、企业数字化、互联网营销、跨境及物流服务等九大服务产品，充分发挥供应链供需之间交易桥梁、扁平渠道连接器、生产与市场缓冲器、品牌销量推动器的作用，帮助客户优化供应链结构，提升供应链效率，实现总成本领先，提升核心竞争力。

怡亚通为品牌商打造扁平化流通渠道连接上下游，业务服务网络覆盖中国内地320多个大中城市、中国香港等地及新加坡、美国等10多个国家，服务行业涵盖快速消费品（母婴、日化、食品、酒饮）、家电、通信、信息技术、医疗、终端零售等，为宝洁、联合利华、GE、飞利浦等100多家世界500强企业及2600多家知名企业提供高效的供应链服务，创新“平台+营销合伙人”模式，打破传统模式局限，推动品牌销量增长，全面覆盖全国200多万家终端门店。

怡亚通将运用整合思维，整合传统分销商、传统终端门店、品牌商以及传媒，建立 B2B2C 共享平台。其中，怡亚通已与芒果生态及九合组织达成战略合作，以多媒体的组合传播结合“宣传 + 销售”，实现品牌宣传效果及销量的双重提升。同时，怡亚通 380 深度分销平台将转型升级为全覆盖、全营销、全服务的创新型供应链平台。

以整合为中心、讲求系统化管理、强调协调与统一、注重规模化与现代化的整合营销四大操作思路，在怡亚通供应链服务里表现得淋漓尽致。整合，就是把各个独立的营销综合成一个整体，以产生协同效应。

04
全员营销

全员营销是整合营销，全员营销的最大价值，就是由以产品为中心向以市场为中心转化。因此，全员营销，首先是营销手段的整合，其次是营销主体的整合。

全员营销不能单纯地围绕短期销售额的提升，更重要的是增强企业员工的营销意识。

稻盛和夫曾说过：经济萧条时期，第一对策就是全员营销，全体员工都应成为推销员，大企业都开始做全员营销了，中小企业更应该积极自救，你不改变，就只能被改变！

全员营销是整合营销

一讲到全员营销案例，第一个想到的就是家电行业大佬——海尔，其“外部市场竞争效应内部化”就是全员营销，海尔内部涌现出了很多“经营自我”的岗位负责人，他们在节能降耗、提升质量等方面做出了卓越贡献。

对于海尔的营销案例，有些人也许会误读：一是认为全员营销就是每个员工都做营销，二是认为全员营销就是每个部门都“管”营销。而实际上，全员营销是整合营销，并不是每个部门都“管”营销、每个员工都做营销。

所谓全员营销，是指企业所有员工对企业的4P（产品、价格、渠道、促销）和4C（需求、成本、便利、服务）等可控因素进行整合，实现营销手段的整合。同时，全体员工以市场和营销部门为核心，研发、生产、财务、行政、物流等各部门统一以市场为中心，以消费者为导向开展工作，实现营销主体的整合。各部门都关注或支持企业的整个营销活动的分析 、规划和控制，尽量为消费者创造最大的让渡价值，使消费者满意度最大化，使企业市场竞争力得以提升，以期获得健康持久发展。

全员营销的内涵，就是人人营销、事事营销、时时营销、处处营销、内部营销、外部营销，营销的本质是服务，创造好感，是创造并传播影响力，影响他人的思想和行为；而全员营销的最大价值，就是由以产品为中心向以市场为中心转化。

全员营销的利与弊

事实上，全员营销的全面导入是一项系统工程，需要借助外部力量推进，如果企业全员营销“拍脑袋”执行，就容易“走火入魔”；而全员营销一旦成功，对企业来说就会有脱胎换骨之效。全员营销有优势也有弊端，就看企业如何面对与选择。

一、全员营销的优势

（1）全员营销，在很大程度上提升了产品或服务的曝光度，可以让产品在更多的渠道得到展现。

（2）全员营销，充分授权调动每一位员工的积极性，也让员工拥有参与感和归属感，培养员工的忠诚度。

（3）全员营销，群策群力，普及大众营销的概念，人人都是参与者，人人都可以通过自己的朋友圈开展营销活动。特别是在线营销领域，有些企业收获了显著的成效。

二、全员营销的弊端

（1）全员营销，扰乱市场价格，扰乱市场秩序。全体员工为了完成任务，相互杀价是肯定的。员工用降低价格来吸引和招揽客户，甚至不惜赔钱销售。这样，势必扰乱市场价格和市场秩序。

（2）全员营销，就意味着“个个有重担，人人有任务”。员工为了完成任务，会使出浑身解数去“取胜”，而且会对决策者产生不满。如果长期搞全员营销，员工对决策者就会怨言不断，就会破坏企业领导者与员工之间的关系。同时，容易使全员产生消极感。

（3）全员营销：鱼与熊掌，不能兼得。在全员营销政策下，员工为了完成任务，不得不将本职工作暂停，这样势必影响其他工作的开展。这样，势必产生“鱼与熊掌，不能兼得”的尴尬局面。

全员营销采用的是人海战术，主要是靠亲戚、熟人、朋友来销售产品，这样的市场毕竟有限。因此，长期搞全员营销，不利于企业的长远发展。

2019 年格力面对空调销量下滑的情况，开启全员营销。当时格力电器有约 8.5 万名员工，每位员工有 1 万元的销售任务。全员营销给格力带来的效益是非常有限的，这对于一年 2000 亿元营收的格力的未来发展是弊大于利。所以，对于传统企业，我们主张术业有专攻，科研人员搞技术、售后服务人员搞服务……

互联网时代全员营销

以前，经常听到银行年底发动所有员工拉储蓄存款；2020

年疫情期间，苏宁也搞起了全员营销。2 月 27—29 日，10 余万名平时并不直接参与销售的管理干部变身苏宁推客和苏小团团长，通过微信朋友圈、QQ 群等渠道转发商品链接。

“3 天时间，10 余万名管理干部深度参与社交营销，人均带单量达到 8.5 单，平均带单金额近 2000 元。”3 月 3 日，苏宁发布首次尝试全产业员工开展社交营销的成绩单。

2020 年受新冠疫情影响，格力、苏宁等龙头企业相继开启了全员营销，它们的背景都有相似之处：所在行业都面临挑战与变革。在数字网络快速发展的今天，它们根据消费者的需求积极变革，开启全员营销，一方面是为了提升公司业绩，另一方面是为了增强与消费者的沟通与联系，让员工更好地了解消费者的需求。

这些龙头企业认为，全员营销不等于全员卖货。如苏宁称实施全员营销是起到传达信息、再建流量池的作用，苏宁 28 万名员工的社交圈，大大拓展了苏宁的“私域流量池”，为其进行“私域流量营销”添砖加瓦。

随着互联网和大数据技术的发展，以及微信作为社交工具的兴起，全员营销有了新的内涵和外延。全员营销的全员范围进一步扩展为企业员工、门店导购、经销商、合作伙伴及用户等，他们都被视为公司营销资源的重要部分和品牌的共建人，借助他们的社交影响力，传播企业信息或渗透商品与服务到不同的圈层，从而实现用户价值和品牌价值不断提升。

互联网时代，全员营销都有哪些新方法？有什么新法则？

1. 价值认同是全员营销的根本

价值其实就是认可与信任，是人的认同感和信任感。所谓品牌价值、产品价值，只是一种公共信任资本。在移动网络社交时代，真正有效的全员营销，是企业员工、门店导购、经销商、合作伙伴及用户等对品牌价值的认同，愿意作为品牌的背书人进行朋友圈的分享。

分享朋友圈，无论是出于社交需要、自我形象的不断构建和强化，还是帮助别人，当企业员工、合作伙伴或者用户，愿意将品牌、商品信息、使用心得分享给朋友时，最大的前提是价值认同，是对品牌、对商品或者服务的认同。所以，实施全员营销，不能只是利益的诱导或者任务摊派，否则，这个“私域流量池”就无法建立或扩大。

2. 统一的品牌形象和标准的内容管理

全员营销的沟通策略和内容，要和品牌形象、活动诉求紧密相关，品牌方需要有统一的规划和标准的内容管理，在标准化的基础上，实现个性化。

全员营销不再只是依靠品牌部做推广宣传，靠营销部推销商品，而是需要企业员工、门店导购、经销商、合作伙伴及用户等共同塑造品牌形象、传播信息与分销商品。因此，一定要实施统一的品牌形象和标准的内容管理。为此，需要通过线上、线下实施全员营销宣传和学习活动，以确保全员营销成功。

3. 榜样力量，以点带面，相互配合

一个品牌的强势崛起，背后是榜样力量的支撑，是标杆精神的崛起，也是以点带面、敢于超越的发力，以及全员的相互配合，进而汇聚成为一股强大的力量，实现真正的强势崛起。

因此，在实施全员营销过程中，内部应以销售、市场人员为核心、为爆破点，以其他部门员工为辅；外部以 KOL（关键意见领袖）、KOC（关键意见消费者）或种子用户为主、为榜样，以普通消费者为辅，形成有点有面的网状结构。

4. 要有完整的解决方案和技术支撑

互联网时代的全员营销，不是传统意义上的全员营销。因此，企业实施全员营销，一是要有完整的解决方案，二是需要技术支撑。

互联网时代的全员营销，是“互联网 + 全员营销”新模式。因此，要有完整的解决方案，而且这个方案是可执行、可落地、有效果的。方案内容主要包括全员营销的目的（如社交裂变营销、高效引流、有效获客成交等）、实施流程与细节、培训与宣贯、过程监督、考核与评估、改进办法、总结分析等。

互联网时代的全员营销，是“互联网＋全员营销”新模式。因此，全员营销的实现需要互联网技术和大数据的支撑，需要用一个赋能全员的智能营销系统让合作伙伴占据领先地位，创造更多的社会效益和经济效益。

全员营销案例分享

全员营销，首先是营销手段的整合，其次是营销主体的整合。全员营销其实是一次企业整体协作的“大练兵”，不能单纯地关注短期销售额的提升，更重要的是增强企业员工的营销意识。

理想的全员营销，最起码能够实现企业四个方面的转变：一是思维模式，从传统的零售思维真正转变为新零售思维；二是渠道立体化，实现从原来的传统单一终端门店向立体化的销售网络转变；三是线上线下销售，从原先的“并联关系”真正转变为“串联关系”“融合关系”；四是组织模式，从以往的集权层级转变成扁平化管理模式。

1. 成功的全员营销

对于全员营销，中国的鼻祖当属海尔。海尔是中国第一家真正实施全员营销的公司。21 世纪初期，海尔倡导员工人人当老板（人人都是首席执行官）：通过自主经营体和人单合一的设计，让每一个人和顾客的价值创造连接在一起。人人都创造顾客，这样人人都是老板了。每个人都在海尔内部创业，这样的设计打消了人们的顾虑。人人都创造顾客，但是人人又都在海尔体系当中，从而让海尔成了一个可以创造顾客的组织。这个主张，当时在海尔获得高度认可。所以，有专家认为，当全部员工的认识达到高度统一时，即全员营销的最高境界。

互联网时代，海尔的全员营销又一次“出圈”。2020 年 12 月，海尔宣布 10.2 万名员工全玩抖音，开启企业全员营销模式。当然，海尔 10 多万名员工玩抖音，也不需要员工亲自动手制作视频、发送视频，而是将账号绑定到系统后，经过系统设置自动制作、发送短视频，可谓“科技解放生产力”。

海尔全员做抖音销售可谓创举，“10 万 +” 员工的力量有多大（每人必须涨粉“1000 +”）很难估计，如果做好了，真的是所有企业的标杆啊。

鞋履品牌红蜻蜓在 2020 年疫情中，凭借全员营销有了意想不到的收获。对于这个成绩的取得，红蜻蜓负责人认为，一方面在于红蜻蜓在数智化过程中，员工们早已习惯线上销售，另一方面在于员工手上握有“钉钉 + 手淘”这两个武器。

2. “走麦城”的全员营销

中国洗衣液第一品牌蓝月亮，2015 年在 KA（重要客户）渠道博弈、变革过程中破釜沉舟地开启了全员营销，在广州、北京、上海、武汉、重庆等城市社区建立月亮小屋，同时开启三条战线：第一战线，是鼓励企业销售人员变身“合伙人”，并发动亲朋好友成为蓝月亮“天使”；第二战线，是签订京东线上独家销售协议；第三战线，是进军有着 3000 万大学生的高校市场。

蓝月亮实施全员营销的结果：“月亮小屋 + O2O”模式的第一战线，造成巨大的经济损失与品牌负面影响；第二战线，虽然在线上获得了相当大的销量，但严重破坏了线下渠道的生态；第三战线，校园市场急功近利，超常规速度拓展，最终归于沉寂。

蓝月亮轰轰烈烈的全员营销，最终以“走麦城”而告终。最后，蓝月亮又从终点回到起点，2017 年再度低调回归 KA 大卖场。

05

质量营销

产品好是市场成功的基础，产品体验经验（产品评价信息）是体验营销的核心，打造极致产品就是体验营销的开始。所以，质量营销第一步就是做好产品质量（有企业、行业、国家、国际各种质量标准）。

当然，质量营销是一项系统营销工程，是将产品质量、消费者服务、市场营销融为一体的营销关系。这种通过提升消费者对产品质量的认知，以提高整体营销效果来满足消费者需求的营销理念成为企业营销的首要选择。

质量营销过时了吗?

在这个数字网络时代，对于质量营销有两种极端的声音：一种是“质量再好，也干不过很牛的营销”；另外一种是“产品质量好，真的就不用做什么营销”。对于这两种极端的声音，我们表示都不认同。

以前营销界有一句话——“好产品，自己会说话”，意思就是“产品质量好，真的就不用做什么营销”。但随着时代的变迁，又出了这样一句话——“好酒也怕巷子深，皇帝女儿也愁嫁!”说的就是再好的产品也需要传播、需要营销，否则就会落入“质量再好，营销不好也枉然”的尴尬境地。

的确，在新零售时代，营销行业的生产制造企业、零售平台、MCN 机构（指专业培育和扶持网红达人的机构）等，都热衷大肆实施营销传播，而以前火热的全面质量管理（TQM）已不受企业重视了，所以，许多人都不约而同地发出这样的疑问——质量营销过时了吗?

如今我们看到，在营销领域，产品体验经验正在成为购买决策的重要依据。而且，随着媒介渠道自由化发展带来的人群社交解放，这种方式显得举足轻重。在最火的知识型直播营销团队——新东方俞敏洪团队——的心目中，如何直播是次要的，最核心的是选品（品质）。2020 年，“快手一哥”辛巴“直播翻车”的原因就是选品（品质）出了问题。

产品好是市场成功的基础，产品体验经验（产品评价信息）是体验营销的核心，打造极致产品就是体验营销的开始。所以，质量营销不但没有过时，而且日益焕发出旺盛的生命力。

培养忠诚的消费者主要有四个因素：一是品牌形象；二是产品品质；三是价格保持；四是服务满意。基于品牌认知，产品品质和价格是消费者忠诚的关键。产品品质，是成就品牌的一大根基。

质量营销是系统营销工程

质量营销，就是企业在经营中，以产品的质量为营销中心，通过实施各种营销手段，来提高消费者对企业产品质量感知的程度，满足或者超越消费者的需求或期望，最终达到消费者满意的一种管理活动过程（见图6）。

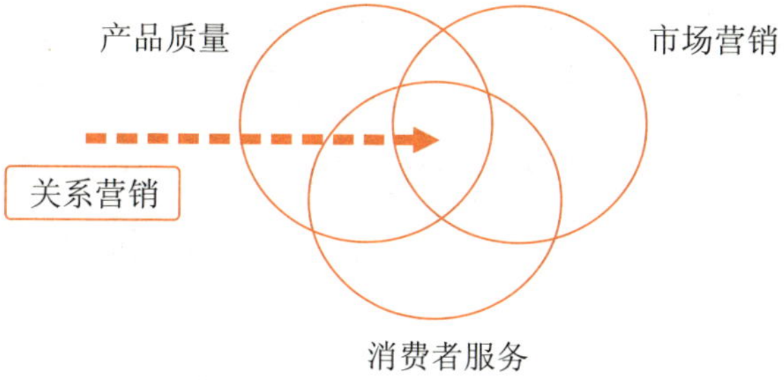

图6　质量营销的营销关系

质量营销的实质，就是从消费者需求的角度定义产品质量，并在生产、流通等过程中保证产品质量，然后辅以营销手段将产品销售给消费者，从而满足其多样化需求。

事实上，质量营销不是简单地向市场提供一些品质可靠的产品，而是一项系统营销工程，具体包括：

（1）建立一个市场搜索系统，通过调查、分析、反馈、测试，就可以有效掌握市场的真正需求，这是系统营销工程的基础。

（2）以市场为理念，以科技为手段，制造出高质量的产品。这在欧美日等国家和地区的高端制造中表现得尤为突出。

（3）一定要细分质量要素，深入挖掘品质的独特性，以独特品质作为核心的销售主张进行传播。从小的方面看，如“品质立企”；从大的方面看，如“品质立国”。

（4）通过消费者满意度测评，如品种质量、服务质量、消费者满意度等多项指标，进一步提高质量。

综上表明，质量营销是系统营销工程，是将产品质量、消费者服务、市场营销融为一体的营销关系。这种通过提升消费者对产品质量的认知，以提高整体营销效果来满足消费者需求的营销理念成为企业营销的首要选择。

产品质量的改进需要关注两种和产品紧密关联的人：一是消费者，二是员工。消费者是产品的亲身体验者，他们很清楚产品的品质及使用后的实际效果等。因此，消费者是产品质量改进的重要参与者，可以通过不同的消费层级、消费区域等组织一个高忠诚度的消费者社群，采取问卷调查、网络互动及消费者联谊等方式收集消费者对产品的不满之处、改进建议等，将其反馈给产品开发团队，以此改进产品。

员工既是产品的经营者又是产品的体验者，他们除了知道产品的不足外，更懂得从经营的角度来反馈对产品的改进建议，因此，应该在员工队伍中组织一支兼职的产品质量改进小组，以促进改进信息的反馈。

产品质量营销循环系统（见图7）说明如果想推出市场上受欢迎的产品，必须让质量团队充分注重营销及树立质量理念，有效调动员工及消费者的积极性，大胆参与产品开发、质量提升的全过程。对于产品质量的改进系统，质量团队需要关注以下几点：

（1）市场调查。通过质量团队、员工团队、消费者社群三支团队充分的互动以发现产品的不足，便于有效反馈，改进产品。市场调查是保证产品质量提升的重要途径。

（2）市场定位的修正。通过质量团队有效弥补市场定位的不足。

（3）产品设计的改进。产品设计的不断改进能有效提高产品的品质与附加价值。

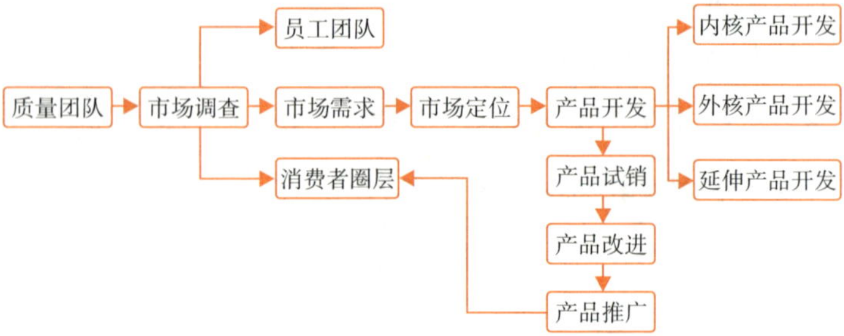

图 7　产品质量营销循环系统

以上几点为产品质量营销循环系统的重要程序，有利于产品质量营销的有效贯彻。产品质量营销的有力执行，是全面延长产品生命周期的必要保证。

质量营销战略

质量营销是将质量观念渗透到营销活动的所有层面，凡事都应力争做好。因此，把全面质量管理融入企业战略规划是顺理成章的事。质量营销战略是谋求品牌的长期发展和企业的持久竞争力。企业质量营销战略主要有以下四种：

（1）消费者满意战略。质量的好与坏，消费者说了算。“消费者满意”既是质量管理工作的出发点，又是质量管理工作的验收点。实施消费者满意战略需要做好四点：一是要开发满意的产品，二是要千方百计提供消费者满意的体验与服务，三是进行消费者满意观念教育，四是建立消费者满意管理体系。

（2）名牌战略。产品质量是品牌成功的基础，名牌是开启消费者心灵的金钥匙。质量是企业长期修炼的一项基本功，有朝一日如果淡忘了这种修炼，企业的其他努力都将付诸东流。因此，实施名牌战略需要做好三点：一是要加强质量认证工作；二是要建立科学的质量管理体系，通过质量管理体系来识别、规定和维持企业的全部质量活动，使每个人都清楚自己在质量工作中应承担的任务、责任和具有的权限；三是要提高广告宣传质量。

（3）市场营销战略。随着经济和社会的发展，质量逐渐成为一种价值取向。企业的质量管理，涉及整个上下游产业链，在这个价值链上的所有受益者，如投资者、合作者、竞争者、供应商、企业全体员工、股东、最终消费者等都紧密相联。因此，企业需要采用整体营销战略，形成真正意义上的共同受益与负担风险的战略合作伙伴关系。

（4）营销文化战略。文化经营是质量经营的最高境界。营销文化可分为产品文化、服务文化、质量文化，其中质量文化是核心。质量文化的第一层次是质量意识和质量伦理。在某种程度上，产品质量问题其实是人的道德水平问题，提高人的道德水平比提高人的技术水平更能保证产品的质量。质量文化的第二层次是质量精神。质量精神是企业全体员工开展质量工作的信念，质量精神是对市场和社会负责的精神。

德日：质量营销的典范

优秀的质量文化和质量理念，从根本上决定着质量工作的成效乃至成败。在中国，企业讲质量有一句名言："立企之本，强企之基！"而放眼世界，质量营销的典范——德国和日本——非常值得中国企业学习借鉴。

1. 有一种品质叫"德国制造"

德国是欧洲最大的经济体，德国经济成功的秘密是发展高端制造业，而德国制造业能够经久不衰靠的是卓越品质。品质是产品的灵魂，德国人对品质的追求几乎达到出神入化的境界。

德国制造全球领先的不二法则就是高质量、高服务和高成本，如汽车、机械制造、化工医药和电子电气等行业。最具代表性的就是汽车产业，尤以奔驰、宝马、大众"三驾马车"为最。德国汽车是质量营销、体验营销、服务营销的典范。

在全球，德国制造一直是高质量的代言，科研创新是德国制造的核心发动机。德国制造锐意变革创新，用技术和质量为自己正名！执着、追求完美、严谨的民族性格造就了高质量的德国制造，他们坚持把产品做到极致！

德国制造高质量发展之路是中国制造崛起的镜鉴。从工业1.0到工业4.0基本上都发源于欧美。欧美的制造企业通过全球化、自动化、知识化完成了对全球制造资源的整合。德国工业4.0，是中国制造2025的“灯塔”。

2. 日本制造的“匠人精神”

匠人精神（工匠精神）在制造领域被提及，大多数人都会想到日本的电器、瑞士的钟表等。匠人精神，是一种职业精神，是职业道德、职业能力、职业品质的体现，是从业者的一种职业价值取向和行为表现。匠人精神的基本内涵包括敬业、精益、专注、创新等方面的内容。用匠人精神打造产品质量，质量是企业的生命线，是企业品牌的支撑点。

日本制造走向领先的原动力，即是匠人精神。匠人精神，是日本制造业的灵魂；匠人精神，成就日本制造业。日本制造，大到飞机、轮船，小到电饭煲、马桶盖，几乎都有着绝对性的领先优势。日本质量管理最主要的两大特点：一是坚持PDCA（P表示计划，D表示执行，C表示检查，A表示处理）循环不断改进；二是全员参与。这两大特点都强调自主、主动。

日本“丰田模式”，是全球制造型企业的质量管理楷模。丰田精益生产方式（TPS），使得丰田汽车在全世界获得成功。特别是丰田汽车能够在福特、通用的老巢美国摧城拔寨，表明了丰田公司这个制造商之王的实力。其间，丰田公司派质量团队到美国进行市场定位的修正及质量的提升与营销，这是日本匠人精神的体现。

对于中国的中小型制造企业来说，最大的短板是技术不足，产品附加值低。德国制造的高品质、高服务，日本制造的匠人精神及优秀的质量文化和质量理念，都是我们不懈学习的榜样！

实现从“中国制造”到“中国智造”的飞跃，质量营销是“质量”与“营销”的完美结合。在企业营销环境不断变化的今天，企业要想在竞争环境中建立优势，更好地满足消费者的需求，提升消费者满意度，质量营销是企业的必要选择。

广东省化妆品产业高质量发展举措

一般情况下，质量营销是以产品质量为核心的一项系统营销工程，是狭义的质量营销；而《广东省推动化妆品产业高质量发展实施方案》里的“质量”是一个行业、一个产业的质量，是广义的质量营销。

2020 年 12 月 29 日，广东省政府办公厅出台《广东省推动化妆品产业高质量发展实施方案》（粤办函〔2020〕330 号），希望以广东省药品监督管理局为核心的 10 多个部门，共同推动广东省化妆品产业高质量发展，并实施组织、服务、管理三大保障。

该方案包括总体要求、重点任务、保障措施三部分。主要内容可以归纳为：一个目标、九大举措。

一、发展目标

广东省力争到2025年，培育年销售收入超过200亿元、100亿元的领军企业各3～5家，超过50亿元的本土企业10家以上，拥有10个以上知名民族品牌，本土自主品牌产品市场占有率占全国50%以上，打造国内乃至全球最具影响力和知名度的化妆品产业高质量发展集聚群。

二、九大举措

1. 统筹推进化妆品产业园区建设

（1）完善顶层设计，统筹推进全省各地化妆品产业园区规范建设。

（2）推动重点科研院所、研发机构、检验检测机构以及企业集聚产业园建设发展。

（3）建立化妆品产品研发设计中心和验证实验室，搭建化妆品产品配方研发、共性技术创新、安全评估与功效评价、产品包装设计等公共服务和资源共享平台，推动形成“平台+中心+园区”一体化发展格局。

2. 加强产业财税和金融政策支持

（1）落实好支持化妆品行业发展的普惠性税费优惠政策。

（2）重点保障化妆品企业发生的广告费及业务宣传费等

支出税前扣除政策全面落地。

（3）引导社会资本投向符合化妆品产业高质量发展的创新型企业及本土成长型企业。

（4）充分发挥广东股权交易中心的平台作用，鼓励符合条件的企业到广东股权交易中心挂牌。

3. 优化产业高质量发展营商环境

（1）最大限度缩减审批流程和时间，加快新品上市推广速度。

（2）不断提高产品备案、生产许可等技术审评水平，提升审评质量和效率。

（3）加大知识产权保护力度，严厉打击假冒侵权违法行为。

（4）支持化妆品行业开展行业自律，增强企业知识产权保护意识和能力。

4. 鼓励扶持化妆品产业创新发展

（1）将化妆品产业列入政府重点扶持产业，吸引鼓励跨学科专家开展研究，鼓励支持运用现代科学技术。

（2）结合我省传统优势项目和特色植物资源研究开发化妆品，加速化妆品领域科技成果产出和转化。

（3）创新科技合作与技术成果转化机制，积极推动省内高校及优质科研院所平台资源共享。

5. 大力培育扶持民族品牌企业集聚发展

（1）实施扶龙头、聚总部、促孵化战略，协同推进总部经济企业入驻产业园区，实现产业集聚发展。

（2）建立化妆品品牌孵化基地，引入本土品牌投资机构，鼓励支持企业对产品品牌进行专业培育。

（3）鼓励化妆品行业协会制定广东省化妆品优质产品、优质企业行业评定标准，参与化妆品技术审评、化妆品评价标准的修订和检验方法的改进工作。

（4）依托广东省化妆品产业集聚优势，加快推动广东省化妆品专业化、品牌化、国际化发展步伐，扩大广东制造和广东品质影响力。

（5）创新科技合作与技术成果转化机制，推进产学研合作，加速促进科技成果产业化。

6. 建立完善化妆品产业生态链

（1）鼓励省内化工企业大力发展化妆品原料基础研究和生产制造。

（2）引导第三方机构或行业协会建立统一采购平台，降低制造成本，提升企业竞争力。

（3）鼓励创新化妆品营销模式和商业业态，带动行业转型升级，实现企业销售降本增效。

7. 加快化妆品人才培养和引进

（1）鼓励有条件的院校增设化妆品相关学科专业。

（2）探索建立化妆品行业技术人员职称评定和晋升通道，探索建立化妆师等级评定标准。

（3）支持重点企业引进产业研发设计、市场营销等领域高端人才。

8．打造广东美妆时尚文化产业融合新高地

（1）加强文化、旅游、艺术、娱乐等产业与化妆品时尚产业的融合。

（2）提升广东化妆品市场软实力，在全省博物馆、艺术馆、美术馆增加化妆品元素。

（3）推出美妆时装周、美容时尚周以及广东直播节等活动，打造国潮文化。

（4）开辟旅游专线，扩大时尚化妆品产业的影响力。

9．构建推动产业高质量发展社会共治格局

（1）加强对广东优质制造和本土民族品牌的正面宣传。

（2）创新科普宣传方式和手段，引导消费者树立科学合理的消费意识。

（3）支持鼓励化妆品行业协会建立行业标准和规范，加强行业自律。

（4）推动行业诚信建设，加快构建化妆品安全社会共治格局。

浙江、上海化妆品产业高质量发展举措

看完广东省化妆品产业高质量发展举措后，我们不妨也了解一下浙江、上海化妆品产业高质量发展的一些目标与举措，毕竟中国化妆品市场就是珠三角、长三角引领的市场。

1. 出台《浙江省化妆品产业高质量发展实施方案》（2020—2025 年）

旨在打造国内领先、具有国际影响力的化妆品产业集群。该方案提出，到 2025 年，浙江省化妆品产业年销售收入超过 2000 亿元，拥有 5 个以上国际知名品牌。

浙江省现有化妆品生产企业 550 余家，数量位居全国第二，化妆品工业产值、进出口额、注册备案产品数量均位居全国第三。该方案从 8 个方面提出 28 条具体措施。

2. 出台《上海市化妆品产业高质量发展行动计划》（2021—2023 年）

以推动高质量发展为主题，深化化妆品供给侧结构性改革为主线，引领创造新消费需求，联动长三角，着力营造“总部经济、科技创新、研发设计、智能制造、检验检测、展示体验、渠道服务、平台交易、资本融通”一体化的国内领先、国际一流化妆品产业发展生态。

该计划提出，力争到 2023 年，上海全市化妆品市场规模达 3000 亿元，化妆品产业主营业务收入超千亿元，形成年营

业收入超过 50 亿元的领军企业 10 家、超过 20 亿元的优质企业 10 家以上。拥有 3～5 个走向国际的领军品牌，培育 20 个国内一流经典品牌，孵化一批潮流新锐品牌，上海自主品牌市场占有率逐年提升。

06 公关营销

公关营销，早已被广泛地运用到企业的经营活动中。其不但能够创建良好的企业或品牌形象、信誉，实现营销破局，促进企业发展，还能够解决品牌危机，乃至挽救一个品牌、一家企业。

随着市场竞争的日益白热化，如果企业缺失公关营销，企业或品牌就将遭遇不同程度的危机与打击；严重的话，品牌形象瞬间倒塌，乃至波及企业的生存与发展。

如今，无论你是新企业、新品牌，还是著名企业、著名品牌，都离不开公关营销，都不能对公关营销掉以轻心。一旦出现公关“翻车”事件，企业或品牌可能会迅速跌下“神坛”，元气大伤。

公关营销，品牌营销核心职能

我们知道，菲利普·科特勒教授在4P理论的基础上，创立了“大市场营销”理论，增加了2P（公共关系和政治权力），即6P营销理论：产品（Product）、价格（Price）、渠道（Place）、促销（Promotion）、公共关系（Public relationship）、政治权力（Political power）。与4P相比，6P具有时代性，讲究的是国际化、全球化。现实中，了解政治、经济政策的规定和变动，也是企业在营销中应该重视的问题。特别是在国际政治、经济秩序复杂多变的情况下，公共关系和政治权力营销就更加重要。

如今，公关营销（公共关系营销）、权力营销（政治权力营销）已经成为品牌营销的核心职能之一，公关营销与权力营销在企业的地位越来越高。许多著名企业、著名品牌，都有专门的公关营销部门、公关营销专业人员。如2021年深陷“刹车失灵”风波的特斯拉，其全球副总裁陶某就是负责大中华区政府事务、公共关系、市场与品牌等事务。需要说明的是，一个企业的公关营销部门，是企业战略层面的设置，是企业的决策参谋和特别执行部门，不应隶属于市场或其他职能部门。

中小企业面临的最大问题就是客户信任问题。对于营销费用有限的中小企业来说，品牌公关可以花小钱办大事，也是扩大品牌影响力最有效的方式之一。一般来说，我们建议中小企业积极成立公关部，主要好处有三个：一是希望通过公关打造品牌；二是塑造更好的外部发展环境，如获得政府的支持；三是缓解经常性的外部压力，如应对竞争对手的公关进攻、应对舆论危机等。当然，如果企业财力不足，可以借力公关公司。

自进入互联网时代以来，以自媒体 KOL 和社交网络为代表的内容产业（内容为王）正全面崛起，公关成为品牌营销的核心职能。特别是近几年来，大量品牌依靠公关手段快速崛起，成为新消费、新零售时代的弄潮儿。

公关营销具有创建良好的企业或品牌形象、信誉，挽救企业或品牌危机，低成本启动市场或拓展新产品等优势，已经被大量企业或品牌广泛认同与成功实践。公关，正逐步爆发出强大的作用力。

与公关营销关系密切的是权力营销，权力营销包括：直接权力营销、政治权力营销、法律权力营销、政府权力营销。其中，政治权力营销、政府权力营销具有特殊性、敏感性，需要一定的智慧，特别是对于国际化、全球化企业。

权力营销的主要作用有三种：一是具有保健作用，可帮助营销者取得市场准入；二是具有促进作用，能促进产品销售；三是具有提升作用，可提高公司及其产品的知名度及美誉度。

公关营销缺失，引爆营销“雪崩”

公关营销的重要性不言而喻：无数事实证明，对于企业品牌来说，好的公关营销能为品牌建功立业，为品牌树立良好的形象，完美处理企业危机，强势的企业更是能将“危机公关”直接变成“品牌营销”；而不好的公关营销不但品牌传播效果不佳，而且企业负面舆情控制不力，乃至危机公关“翻车”。

有些企业不懂公关营销，导致企业营销吃大亏。更有一些企业，公关营销缺失，导致品牌营销“雪崩”。这样的真实案例就发生在中国日化行业——霸王集团（01338. HK）。下面，我们来回顾分析下霸王“悲歌”，以此为鉴，时刻提醒每个企业不可重蹈覆辙（仅此而已）。

2010 年，香港《壹周刊》一篇题为《霸王致癌》的文章，致使风头正劲的霸王洗发水遭遇灭顶之灾。因“二恶烷事件”爆发，霸王集团从巅峰猝然跌落，导致品牌营销“雪崩”，并陷入长达数年的低迷期，也致使公司业绩一蹶不振、四面楚歌。

营收“雪崩”、长期亏损：2009 年霸王集团在香港挂牌上市，当年实现营业收入 17. 56 亿元、净利润 3. 64 亿元，创下霸王集团历史巅峰纪录。“二恶烷事件”后，营业收入一路向下，到 2021 年末仅维持在每年 2 亿多元；而净利润方面，更是连续亏损 6 年。除 2016 年、2017 年没有亏损外，2018 年、

2019 年继续亏损。其多年亏损硬是将上市募得的 16.66 亿港元消耗殆尽。

霸王集团市值几乎蒸发殆尽：霸王集团突然遭遇这一大劫，股价一路走低，截至 2021 年 3 月 12 日收盘仅 0.13 港元/股，市值由顶峰时的 186.68 亿港元，降至目前的 4.11 亿港元。如今，陈启源、万玉华夫妇昔日中国洗护首富（上市后该夫妇身家迅速飙升至近 50 亿港元）的桂冠早已掉落，不免让人唏嘘！

2016 年，霸王集团终于沉冤昭雪。这些年，跌落谷底的霸王集团，虽然不断努力、不断抗争，想重现昔日辉煌，但是环境变了、市场变了，估计“王者归来”的梦已碎，想要重新回到巅峰的概率实在太小了。

引爆霸王品牌营销“雪崩”、四面楚歌的，就是其危机公关的缺失。具体表现就是，作为一家上市企业，既没有专业的公关营销部门，也没有公关营销专业人员，更没有聘请公关的“外脑”——事件发生后一直没有看到专业公关公司的身影，实在是可惜。

想当年，“二恶烷事件”爆发后，霸王集团的应对措施是不断地说明产品安全和指责《壹周刊》的恶意报道，却忽视了与公众进行沟通和尊重消费者。这样简单粗暴的处理手段，严重违背了公关承担责任原则和真诚沟通原则。

其实，阿尔·里斯、劳拉·里斯2002年的新作《公关第一，广告第二》早已告诉我们市场营销公关与广告的先后顺序、各自权重与作用，可惜许多传统中小企业乃至大型企业、上市企业，依然只知道通过“大力烧钱投广告”来提高品牌知名度、提升营销力。如果单从广告营销的角度来看，霸王集团当年“高打高举、人海战术”无疑是成功的；但如果从公关营销的角度来看，霸王集团当年无疑是糟糕透顶的。

要善用公关营销工具利器

标榜为国内首部公关题材，由黄轩、佟丽娅、陈数主演的电视剧《完美关系》在业内引发了一些议论：认为此剧有颇多的狗血剧情，与公关行业真实职场情况相去甚远，连男主“独立公关人”的角色设定都是凭空创造的。但是，剧中菜鸟总裁在独立公关人的帮助下，在公关实战中积极迎战遇到的困难，互相影响、共同成长，最终成为公关高手的故事还是很励志的。尤其是，他们善用公关营销工具利器，帮助企业实现营销破局、解决品牌危机，值得中小企业学习与借鉴。当然，我们不去讨论这部电视剧，而是要去关注剧中的公关运行模式。

“工欲善其事，必先利其器。”要想实现公关营销“品牌传播、危机公关、内容管理”的三大职责，实现公关营销目标，企业就必然要先了解与熟练掌握公关营销工具利器。这样，你就可能从公关“菜鸟”秒变公关“高手”。2020 年，经过新冠疫情的冲击，经济形势不容乐观，特别是中小企业，很多面临巨大考验，这时候的企业是最需要公关助力的。

通过梳理分析，公关营销工具利器主要有 8 种，分别是：新闻、事件、公益活动、演讲/演说、出版物、视听资料、赞助、免费咨询（见图 8）。

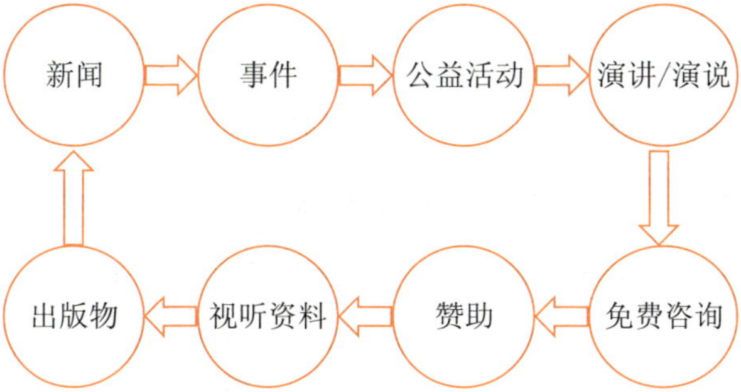

图 8　公关营销的主要工具

（1）新闻。新闻就是最好的广告，让人信服，传播效果更佳、影响更大。公关营销就是要发现并利用和创造与公司、产品或员工相关的有利新闻，并推动各种媒体进行报道或召开新闻发布会。公关营销要相信新闻的力量，要把握住新闻的真实性、时效性、准确性三个特点。

（2）事件。公关营销人员，要利用社会热点事件，要策划安排一些特别事件来吸引目标公众的眼球，以促进销售。企业事件营销有召开新闻发布会、新产品推广会，进行展览展示，举办竞赛，开展周年纪念活动等。

（3）公益活动。通过开展公益活动彰显企业的社会责任感，是公关营销最常见的方法，没有副作用，影响时效长。企业营销与公益活动联系在一起，能够实现差异化，能够帮助企业或品牌更完美地实现价值的输出。

（4）演讲/演说。精彩演讲/演说能够感染人、打动人、吸引人，演讲/演说口才能够展现个人魅力与才华。政治人物通过演讲/演说，能够阐明其政治主张，申述其政治纲领；企业董监高通过演讲/演说，能够塑造企业良好形象、实现企业营销目标。罗振宇和罗永浩是演讲/演说的两个典范。

（5）出版物。就是主要依靠企业刊物，如年度报告、文章、杂志、企业家传记等，传递企业或品牌信息，影响消费者，实现公关营销的目标。

（6）视听资料。借助企业视听资料（视觉、听觉、声像三大类），常用的如宣传片、形象片等，能够形象生动、直观演绎、展示传播企业或品牌信息，让人有身临其境的感受。

（7）赞助。企业通过赞助体育活动、文化活动、综艺节目冠名以及社会公益事业，传播企业和品牌（产品）信息，实现公关营销的目标。

（8）免费咨询。主要有产品咨询、技术咨询、服务咨询等类别，以前800电话免费咨询，互联网时代主要是线上免费咨询，如微信、QQ等。企业通过免费咨询服务，传播企业或品牌信息，实现与消费者沟通、声誉提升、舆情控制等。

公关营销，舆情监测不能缺

对于公关营销，许多企业已经认识到了它的重要性，也尝到了它的甜头。但是，还是有些企业对舆情监测不够重视，乃至缺失。有专家认为，没有舆情监测，不是真正的公关营销。事实上，在数据网络时代，善用舆情监测，利用好舆情监测的大数据信息，品牌公关营销可以起到事半功倍的效果。

舆情监测整合互联网信息采集技术及信息智能处理技术，通过对互联网海量信息自动抓取、自动分类聚类、主题检测、专题聚焦，满足用户的网络舆情监测和新闻专题追踪等信息需求，形成简报、报告、图表等分析结果，为全面掌握用户思想动态，做出正确舆论引导，提供分析依据。

数据时代，如果企业采用（借用）专业的舆情监测系统，就相当于有了一个自动化的“外脑”，系统能够第一时间将信息、危机事件识别出来，及时准确处理。舆情监测系统主要有七大功能：

舆情信息（高频词汇）分析统计；

舆情声浪（可视化峰值数据）分析；

舆情态度（正面、负面、中立）分析；

舆情热点识别（如网络热搜）；

舆情溯源（来源类型、占比数量）分析；

舆情传播趋势（触达量较大的媒介和投放渠道）分析；

舆情预警功能，即对有可能对品牌有威胁的信息做出预警。

当舆情监测系统发现危机之后，首先要进行分析研判，准确把握，积极介入，快速应对。同时，密切关注事态发展，及时传递和沟通信息，积极引导网上的舆论导向，以把危机化解。当然，企业需要有健全的应对网络舆情事件的体制机制。突发事件处置和网上舆情引导工作要根据形势发展需要，制定操作性强的规定和配套的应急管理办法。

公关“翻车”事件案例

2021 年，公关“翻车”事件频发：声称是“大自然的搬运工”的农夫山泉“翻车”了，电动汽车“一哥”“翻车”了，明星初创雪糕品牌钟薛高“翻车”了，主打“0 糖 0 脂”健康牌的元气森林“翻车”了……从民企到外企，从小品牌到大品牌，2021 年或成公关“翻车”之年。下面，让我们来回顾一下农夫山泉和特斯拉这两个公关“翻车”事件：

1. 农夫山泉：自相矛盾的公关“翻车”

2021 年，声称是“大自然的搬运工”的农夫山泉公关

“翻车”了。“翻车”的起因是其苏打气泡水产品推广营销文案惹祸了，进一步恶化是其公关“灭火”（公关回应）变成了新的“导火”（口诛笔伐）。

6 月 27 日，有媒体曝出：农夫山泉微信公众号在 4 月 1 日的推文中，将旗下一款苏打气泡水的宣传语“拂晓白桃产自日本福岛县”作为卖点，这成为公关“翻车”事件的“导火索”。但真正点燃公众怒火的，却是农夫山泉对此事的公关回应——自相矛盾的公关道歉，由此引发消费者口诛笔伐，最终引起轩然大波而“翻车”。

产品推广营销文案上写得很明确：拂晓白桃风味，拂晓白桃产自日本福岛县。因而，网友纷纷质疑，农夫山泉这是从日本福岛进口拂晓白桃？

经历了 2011 年核泄漏事件后，至今福岛仍在将废水排入海中。那么，用福岛拂晓白桃作原料的苏打气泡水是否被核污染了？这个苏打气泡水还能放心喝吗？

质疑声越来越大，6 月 27 日农夫山泉就拂晓白桃味苏打气泡水产品原料来源事宜，紧急做出回应：

（1）农夫山泉拂晓白桃味苏打气泡水产品是一款风味饮料，农夫山泉在产品标签配料表中按照食品安全国家标准的规范要求标明了产品配料。该产品的配料中没有从日本福岛进口的成分。农夫山泉产品的标签标示符合相关法规要求，并无任何错误或误导。

（2）拂晓白桃原产于日本福岛，风味独特，20世纪在我国已有引种。我们的研发人员依据拂晓白桃的独特风味，创制了类似拂晓白桃风味的产品，与拂晓白桃产地没有关联。

（3）农夫山泉要求今日头条等媒体平台和各社交媒体账号立即删除对农夫山泉名誉造成伤害的文章和评论，以避免进一步对农夫山泉名誉造成传播性伤害。

农夫山泉的紧急回应，彻底激怒了网友，网友纷纷上阵“讨伐”：

（1）在外包装与推文中，明明你自己写的拂晓白桃产自日本福岛县，如今却不认了，还怪群众眼睛雪亮！如果好好道歉也就算了，如今自己营销出问题还摆出一副被人算计的样子。

（2）根据2019年发布的《获得我国检验检疫准入的新鲜水果种类及输出国家/地区名录》，允许从日本进口的水果只有苹果和梨，没有“桃”这个品类；而农夫山泉的紧急回应是“该产品的配料中没有从日本福岛进口的成分”。网友蒙圈了，相信哪个农夫山泉？

有律师认为，为了撇清产品成分与日本福岛毫无联系，农夫山泉“自相矛盾”的紧急回应，让自己跳进了虚假宣传的陷阱。元气森林“翻车”，同样也是因为涉及主打“0糖0脂”

健康牌的虚假宣传。

有媒体评论，面对消费者的质疑，农夫山泉的公关文没有任何致歉之意且态度傲慢；面对社交媒体的口诛笔伐，农夫山泉要求立即删帖实为不妥。所以，回应一出，农夫山泉又被骂上热搜也就毫不足怪了。这种不满情绪间接影响到农夫山泉的股价，使其在一个交易日内便蒸发了73亿港元的市值。

农夫山泉自相矛盾的公关“翻车”太不应该了。农夫山泉气泡水是农夫山泉2020年财报中唯一实现收益正增长的品类，较2019年上升了135.8%，为2020财年贡献了10.54亿元的收益。但是，此次风波却大幅折损了农夫山泉气泡水品牌在消费者心中的口碑，可惜，实在可惜！

2. 特斯拉：因公关“翻车”而跌下“神坛”

2020年，特斯拉全球销售49.9550万辆，同比增长36%。其中：中国销售高达14.7997万辆（中国产Model 3占94%），占其全球销售的29.6%。特斯拉创始人马斯克也曾公开表示，从长远来看，中国将成为我们最大的市场，也是我们生产最多的车辆、拥有最多的客户的地方。

2021年，全球电动汽车“一哥”突然因为“刹车失灵”事件公关“翻车”而跌下“神坛”！

4月19日，上海车展特斯拉展台，一名女子身穿印着“刹车失灵”四个红色大字的白T恤爬到特斯拉展台的车顶维权，高呼“特斯拉刹车失灵”，后被警方带走，并以扰乱公共秩序被行政拘留 5 日。

据特斯拉 Model 3 车主张女士自述：2021 年春节期间，她驾驶的特斯拉突然刹车失灵追尾前车，致使一家四口险些丧命。

事件发生后，特斯拉声称，如果是产品问题，该赔的赔、该罚的罚，但对不合理诉求不妥协。特斯拉官方称近两个月以来始终与车主积极协商，提出多种解决方案，但对方不接受任何形式的第三方检测，并拒绝所有解决方案。

特斯拉全球副总裁陶某（负责大中华区政府事务、公共关系、市场与品牌等事务）对此事表现出了强硬的态度，回应“觉得维权者很专业，背后应该是有人的”，对不合理诉求“不妥协”。此番言论直接踩在了网民敏感的神经线上，微博热搜榜上关于此事的相关流量超过 2 亿次。

4 月 19 日特斯拉股价一度跌超 6.5%，最终收跌 3.4%，市值蒸发 241 亿美元。即便 4 月 20 日特斯拉迫于舆论压力出面道歉，依然未能挽回资本市场的信心，道歉当天特斯拉盘中冲高回落，收盘仅微涨 0.61%。

特斯拉车主“车顶维权”事件矛盾焦点：一是特斯拉车辆是否有“刹车失灵”的问题；二是无法就权威的第三方检测机构达成一致；三是车辆行车数据是否属于消费者知情权

范畴。

特斯拉车主“车顶维权”事件通过媒体传播、舆论发酵，网民对此事的关注度激增。4 月 21 日，中纪委、国家市场监管总局等官方机构回应该事件，再次掀起了网络上的讨论热潮。

后来，特斯拉“刹车失灵”事故又发生了几例，特斯拉被推上风口浪尖。因事件的持续发酵，特斯拉在热搜榜上反复出现。后来，特斯拉收集环境数据用于间谍活动的各种传闻不绝于耳，为此形成叠加效应。一个“刹车失灵”事件的公关“翻车”，最终引发特斯拉这个超级外企跌下“神坛”。经过这个事件，特斯拉品牌形象大打折扣，电动汽车销售直线下降。

一个法制健全的成熟市场，不该出现消费者违反法律法规的激进式维权，但企业也不能够采用“不妥协”的硬杠。特别是品牌企业，应该在法治框架内通过科学合理的危机公关，有效解决消费者的维权问题，避免事件扩大化或恶化，最大限度地降低事件造成的损失与危害。

给所有企业或品牌带来的启示：

（1）2021 年公关“翻车”企业或品牌，如农夫山泉、特斯拉、钟薛高、元气森林等，“翻车”的焦点都集中在消费者关注的安全、健康上，大部分是大健康产业。美国前总统经济顾问保罗·皮尔泽曾在《财富第五波》一书中写道，21 世纪，健康产业将会成为继汽车、房地产、IT 和互联网产业后的第五波财富浪潮。因此，大健康产业企业将迎来发展大利好，同时也带来公关营销大挑战。

（2）一次看似无足轻重的公关失当，在互联网时代，在 Z 世代“霸网”下，却可能会给企业带来“暴击”的伤害值。Z 世代具有热爱表达、善于分享的个性化标签，更倾向于对热点事件发表自己的态度，并进行分享与传播。所以，企业或品牌开展公关营销特别是“危机公关”时，一定要适应新的舆论生态，适应社交媒体病毒性传播的威力。否则，企业或品牌一不小心就会踩在热衷时事的 Z 世代的雷点上，严重的话会使企业陷入危机。公关危机处理不当，哪怕只是一份口径的不当，对企业来说都有可能变成一个随时“致命”的问题。

（3）互联网时代“道歉为先”的公关大趋势。如今，不论是娱乐业还是商业领域，如果发生了负面舆情，那么不管做错了什么，甚至没有做错，先道歉的处理方式都已逐渐成为更被接受的方式。当企业出现负面舆情，试图采用删帖、不承认错误等方式来控制舆论时，反而会引起公众的抵制情绪，导致舆论发酵得更快。最可怕的是，企业或品牌还有可能被算“旧账”。危机事件发生后不愿真诚道歉，则是对市场的无知与对用户的轻蔑，极易遭到反噬。

（4）2021 年，抖机灵、耍聪明、会营销的企业依然会在营销上跑得很快，但在关键时刻，如果学不会坐正姿势、好好说话，则会摔得更惨。为此，给所有企业或品牌提个醒：一是不要以为自己的规模小，危机公关离自己很远；二是大型企业的公关，固然都有快速回应、权威认证的成熟体系，但在保障用户知情权、平等对话、体现担当上，还是需要带给公众诚实、敬畏市场等印象。

如今，品牌打造正面破圈的案例越来越少，正面破圈也越来越难。但如果踩雷、公关“翻车”，后果真的很严重！从本质上来说，没有哪家公司对消费者来说是不可替代的。

07 关系营销

关系营销，是指企业为实现持续发展与盈利目标，把营销活动看成是一个企业与消费者、供应商、分销商、竞争者、政府机构及其他公众发生互动作用的过程，核心是建立与这些群体的良好关系。

关系营销是建立在消费者、关联企业、政府和社会公众三个层面上的。因此，现在市场上那些可持续发展、可持续盈利的“基业长青企业”“百年品牌”，可以说都是关系营销的标杆，都值得我们敬仰和学习。

关系营销≠特殊关系营销

我知道你有“关系”，但你有“关系营销”吗？

在中国，一提到“关系”，自然而然地就会被理解为“特殊关系”，让人情不自禁联想到如“特殊手段”“特殊待遇”“特殊享受”……这些涉及道德或者法律的问题，然而，笔者要说的“关系”，是市场营销中的“关系营销”。关系营销≠特殊关系营销，其内涵更接近“伙伴关系管理”，核心是建立与消费者等群体的良好关系。关系营销，是企业市场竞争制胜的法宝。

究竟什么是关系营销？

尽管人们希望明确认识理解关系营销，但关系营销并不能以一种大家“统一接受”的形式来加以定义。虽然存在许多不同的理解与分歧，但也有共同点，那就是：长期互助合作、相互沟通信任、多方共赢互利。通过对关系营销相关的定义进行梳理，我们发现比较接近现代市场营销活动目的的定义是这样的：

关系营销，指企业为实现持续发展与盈利目标，把营销活动看成是一个企业与消费者、供应商、分销商、竞争者、政府机构及其他公众发生互动作用的过程，核心是建立与这些群体的良好关系（见图9）。

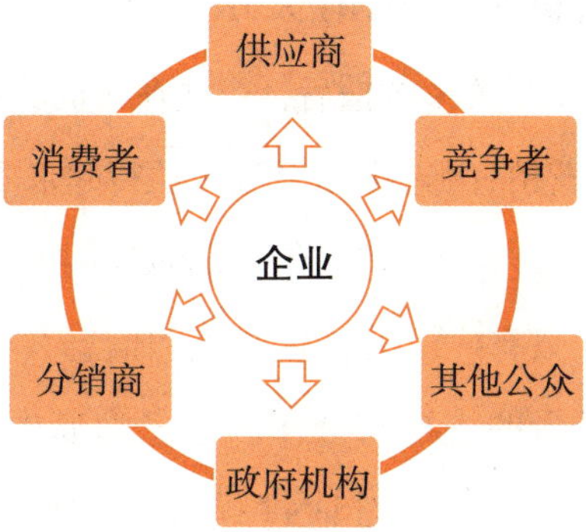

图 9 关系营销示意图

关系营销的这个定义，是不是有似曾相识的感觉？没错，那就是波特五力模型。五种力量分别为：同行业内现有竞争者的竞争能力、潜在竞争者进入的能力、替代品的替代能力、供应商的讨价还价能力与购买者的议价能力。

所以，关系营销对我们来说并不神秘，也不陌生，而是许许多多企业都在做的一项营销系统工作。企业要想获得长久的竞争优势，一定需要明确自己所在产业的上中下游关系，从产业链的角度来谋划布局关系营销，即供应商、渠道商、分销商、消费者、竞争者、新闻机构、金融机构、政府机构等，都要了解透彻，都需要建立良好的关系，特别是关键环节更加值得注意，这样企业在商业竞争中获胜、盈利的概率才大。

抓住本质特征，认清关系营销

在了解了什么是关系营销后，企业在布局关系营销时，应该再了解清楚关系营销有哪些特征，这样执行起来才能够胸有成竹。

（1）双向性。关系营销的信息沟通过程，是双向性的，而非单向性的。只有广泛的信息交流和信息共享，才能使企业赢得各利益相关者的支持与合作。信息沟通中的关键过程是：交互过程（人与机器）、对话过程（双向沟通）、价值过程（顾客感知价值）。

（2）互利性。关系营销是建立在双方共赢、利益互补的基础之上的。只有互惠互利、各取所需，大家才能够建立良好的关系。

（3）协同性。就是战略过程的协同性。在竞争日益激烈的市场上，各利益相关者只有彼此信任、互相取长补短、协同共进，才能够维持长期互利的关系。

（4）及时性。就是信息反馈的及时性。在如今这个信息瞬息万变的时代，快人一步就是成功，关系营销的信息反馈同样要及时、快速。所以，企业应该有专门的管理机构或专人接收、挖掘、处理信息。

（5）长期性。实施关系营销的目的是保障企业长期发展与盈利，因此企业与各利益相关者建立良好的关系是反馈循环的，需要长期跟踪。

关系营销与公共关系的异同

提到关系营销，有人就联系到公共关系，它们之间有什么联系，又有什么不同呢？

关系营销与公共关系两者的联系非常密切。公共关系，就是平常说的“公关”，是指组织机构为了树立良好形象，通过沟通与传播，与公众之间建立一种平等互惠的社会关系。一方面，做好关系营销工作（实现销售），可以为企业形象增色；另一方面，做好公共关系工作，可以拓宽关系营销渠道。

而关系营销与公共关系的区别，主要有以下三个方面：

（1）根本目的不同。关系营销的根本目的，是实现企业长期盈利；公共关系的根本目的，是塑造组织良好的形象。

（2）主要对象不同。关系营销的主要对象是消费者、供应商、分销商，新闻媒介、社区、政府等处于次要地位；公共关系的主要对象是员工、股东、新闻媒体、社区、政府等。

（3）主体不同。关系营销的主体是以盈利为目标的工商企业；而公共关系的主体，除了以盈利为目标的工商企业外，还广泛应用于政府、教育机构、社会福利机构等各种组织。

关系营销≈伙伴关系管理

关系营销的内涵，更接近伙伴关系管理。诸如现在企业提出的如建立战略合作伙伴、合作共赢、共享共赢等关系，都是关系营销。

因此，企业在市场营销过程中，必须充分了解关系营销中各利益相关者的能力、资源、需要、目标和欲望。企业必须尊重、满足它们不同的需求与利益。而要实现关系营销的目标，企业需要制定可以平衡关键利益相关者收益的策略和战略，并有效实施。这样，企业与合作伙伴才能够一起走得更远。

所以，现在市场上那些可持续发展、可持续盈利的“基业长青企业”“百年品牌”，可以说都是关系营销的标杆，值得我们敬仰和学习。

处理好关系营销的三大关系

关系营销的核心是保持与各利益相关者长期的良好关系，并在此基础上实现企业的营销目标。建立并维持良好关系，是企业营销成功的基本保证。

关系营销建立在消费者、关联企业、政府和社会公众三个层面上，要求企业在开展经营活动时，必须处理好与这三者的关系。加强同消费者的关系、与关联企业合作、与政府和社会公众协调一致，是关系营销成功的关键保障。

（1）加强同消费者的关系。企业要持久发展与盈利，一是靠消费者重复购买，二是要吸引新的消费者购买。所以，与消费者和潜在消费者建立良好的关系，是企业提供产品和服务及获得利润的关键。

（2）加强与关联企业合作。如今的市场竞争，已经不是企业与企业之间的竞争，而是供应链与供应链之间的竞争。因此，加强与关联企业合作，共同开发市场机会，共存共荣，是企业形成综合竞争力的根本。

（3）加强与政府和社会公众协调一致。事实上，企业与政府、与社会公众之间的关系非常密切，企业在运营发展过程中，一定要协调好与政府宏观调控、社会公众的关系，才能够促进企业健康持续发展。

“令顾客、供应商及竞争对手都心悦诚服”是对马狮公司在关系营销上取得成功的生动写照。连竞争对手都钦佩，足见马狮公司的关系营销做得多么出色。

在营销史上，关系营销的经典案例有很多，比如英国的马狮公司，美国的安利公司、可口可乐等，都是关系营销的“鼻祖”。而在中国市场上，如华为、小米等企业的关系营销，同样可圈可点。

如今，几乎所有行业都无法脱离关系营销，如开小卖部的、开餐饮店的、卖大型机械设备的、搞互联网品牌产品的、做直销产品的、卖保险的……

所有企业都希望实现持续发展与盈利目标。因此，企业需要通过传播与沟通，与各利益相关者（员工、消费者、关联企业、政府和社会公众）建立良好的关系。鉴于此，企业关系营销需要处理好三大关系。

处理好三大关系，保障关系营销成功，你的企业做到了吗？

关系营销的具体实施

1. 提供优质产品及服务和足以让消费者喜欢的产品及服务

成功的营销，是建立在好的产品及服务基础之上的，好的产品及服务不仅体现在质量上，还体现在产品的包装形象及所延伸的身份象征和价值认同上。产品自身的定位及形象被塑造并推广成消费者的独特心智，甚至使消费者到崇拜的地步。这种对消费者心智的占领，足以为关系营销的成功打下坚实的基础。

2. 好的、正面的企业形象，足以让消费者产生好感并被吸引

现代营销不光注重产品的质量，更注重企业的整体形象，所以必须运用现代企业的运营机制，进行关联形象推广及公关营销，使企业在消费者心目中建立好的、正面的企业形象，让消费者产生好感并被吸引。

3. 关系营销对象的保持及维护，让客户不断地增加

对于客户的保持和维护，首先是如何拓展新客户，这需要

通过跟客户沟通，吸引客户购买产品及服务。对于已有客户，需要通过新产品、新服务的推出吸引其二次购买或重复购买。

对客户档案的分析至关重要，将客户进行有效分类，其中的一类（大约占总数的 20%）是重要客户，对他们的维护及提供的附加服务要不同于其他客户，如推行贵宾客户服务，因为这样的客户可以为企业创造 80% 的销售额。

至于其他类型的客户，最重要的是需要做定期的沟通，如将微信、视频、E－mail 等关联企业信息给到客户，目的是让客户意识到企业一直很在意他，企业不断有新的产品、服务推出。

4. 销售促进的制度化执行

为了不断增加销售额及吸引新客户，必须实施营销范畴的销售促进策略，通过关联的让利、赠送等活动，让客户享受到更多的让渡价值，让其有超值的感觉。销售促进的制度化执行是关系营销的一个重要环节。

5. 销售力量的联系

各种销售力量要经常进行沟通、研讨、培训，这样可以有效地统一执行系统性的营销策略。销售力量经常与客户保持沟通也是必须的，能让客户在关系营销中最大化地享受优质的产品和服务，所以是否能有效整合销售力量决定了关系营销的成功与否。

6. 专门化的沟通

对于不同的客户群体，采取统一的策略与沟通手法是不现实的，需要采取不同的策略区别对待。所以，关系营销中分类别的沟通很重要。

7. 售后服务

公司一定要考虑到客户在购买产品后可能碰到的大大小小的问题，如果公司没有做好听取客户的意见及解决困难的准备，客户可能不会重复购买，也有可能取消订单，不管错在公司还是错在客户，因此，售后服务是保留客户所必须要做好的。

客户投诉和询问，反映出的是积极肯定的客户关系。可以由独立的客户部门负责，也可以指定对处理客户关系富有经验的工作人员来负责，最好是两者相互结合。公司应该鼓励客户必要时主动联系，如反馈产品及服务的缺点、询问信息等。

案例1：小米

2010年雷军创立小米，2011年推出首款智能手机MI－1，销售迅猛。到2013年营收约为265.83亿元，净利润约为3.47亿元，这是小米首次对外公开自己的财务数据。2020年，小米公司营收2459亿元，同比增长19.4%；经调整，净利润

130亿元，同比增长12.8%。雷军靠着20年的积累和思考，以一种全新的商业模式创办了小米，而现在小米也成了一家世界级企业。

分析认为，小米的成功是关系营销的成功，其在处理与消费者、关联企业、政府和社会公众关系上的成功经验值得许多企业学习与借鉴。

小米智能手机MI－1上市即售罄，靠的是上市前期对“米粉”进行了“最佳性能价格比”的大量种草，这些狂热的“米粉”是一批技术发烧友，他们成了小米智能手机的“粉丝种子”“铁杆粉丝”。这是小米关系营销成功的关键，加强同消费者的关系，与消费者、潜在消费者建立良好的关系，是小米获得利润的关键。

众所周知，小米在早期运营MIUI论坛时，迅速积累了50万用户，为小米手机的成功奠定了基础。可以说，这50万用户除了是小米手机的消费者外，也是小米手机怎么做的需求提出者。小米找到目标人群后，进而推出自己的理念：“为发烧而生”。用户参与设计，是小米智能手机关系营销的精髓，是其关系营销中客户关系管理的典范。

用户参与设计、粉丝向心力、粉丝协助、口碑营销等，是小米“客户关系管理”的合力。特别是口碑营销，成为小米营销的关系链、发动机、加速器。于是，小米塑造了“米粉文化”——“因为米粉，所以小米”。让粉丝成为产品的代言人，让粉丝去宣传推广小米的优点、去维护小米品牌荣誉……这些，小米都出色地做到了。

如今，在互联网进一步发展的新零售时代，小米更是精通利用现代传播媒体，如微博、微信、小红书等与粉丝互动，实现粉丝经济与社交经济健康发展。

小米关系营销成功的关键在于供应链关系管理。在供应链管理模式上，小米采用过饥饿营销、缩短供应链的方式，依靠代工生产制造，减少中间代理分销商流转环节，直接对接生产商与消费者。与供应商建立良好的关系，获取供应商的支持，对于迅猛发展的小米来说是其关系营销成功的根本保障。

发展至今，小米的产业链已经涉及高端智能手机、互联网电视以及智能家居生态链等，其产品包罗万象。小米已将供应链关系管理做得很好了。

小米作为一家专注于建设的创新型科技企业，深知市场竞争是供应链与供应链之间的竞争。因此，小米为了提升综合竞争力，不断加强与关联企业合作，共同开发市场机会，共存共荣。

小米作为科技“头部”企业，在处理与政府和社会公众的关系上，同样是协调一致的。小米已经成了一家世界级企业，在其从事市场营销（企业运营发展）的过程中，早已经与政府、与社会公众之间建立了非常密切的关系。协调好与政府宏观调控、社会公众的关系，是小米能够健康持续发展的“护城河”。

案例2：IBM

IBM曾经借助网球赛试水成功的案例，无疑是关系营销最为经典的案例之一。通过相关策略帮助客户找到与消费者直接对话的方法，是关系营销案例的真谛。正如我们所理解的，关系营销就是直接营销，就是在一个平台上沟通，以促成交换。关系营销既是商业广告的互补品，又是商业广告的替代品，能很好地帮助企业和品牌建立消费者等相关方的心智关系以促成销售。

理解关系营销的概念可能很简单。但如果撇开创意与方法，单从关系营销的功能来看，关系营销也许就像白开水一样索然无味，这点跟谈论没有创意的广告并无二致。但富有创意的关系营销方案，不光很有意义而且令人兴奋。

IBM为温布尔登网球赛创建官方网站，并首次在网站上推出了IBM的实时比分系统。该系统通过Java程序将个人电脑与球场的数百个摄像头连接，使用方通过在电脑桌面上获得一个虚拟座位来随时了解比分情况，甚至观看比赛场景。

当时全球有450万用户下载了这一Java程序，决赛时打开了IBM实时比分系统的观众超过23万人，这相当于帮助IBM邮送了至少450万份产品体验。

尽管在消费者体验这方面IBM做得很棒，但显然关系营销不仅仅是设计一个网站，让消费者上去浏览这么简单。事实上，一套完整的关系营销方案至少包含关系和数据策略、互动渠道平台和知识中心三个部分的内容，好的创意全部源自于此。

关系和数据策略意味着首先必须明确关系营销的目的，即需要和何种客户建立何种关系。

在IBM的例子中，关系营销的重点在于和全球范围内对IBM技术可能产生兴趣的高级经理建立业务往来关系。

高级经理没有太多的时间看电视，而网络和笔记本电脑及手机已经成为他们工作的标准配件，无论在办公室，还是在外出差，他们都可以很方便地通过网络来抽空看一眼自己喜欢的体育节目。综合考虑这些，高级经理是最可能使用该Java程序观看球赛的群体，看了球赛后，他们也是最易于与IBM技术产生共鸣的群体。

接下来的问题，是利用和观众已经发生的互动，来构建有效的数据库系统。

在 IBM 的例子中，首先其制订了一个取得用户相关数据的方案，在实时比分系统的 Java 程序窗口关闭时他们会让对此技术感兴趣的用户填一张表格，注明职位和联系方式，并声称将进一步提供产品更为详细的资料或派销售人员登门拜访。用户信息到达并存储在数据库后，当然还要对数据进行分析，根据我们的经验，往往 20% 的用户会对公司贡献 80% 左右的价值，因而分析出核心价值用户是非常必要的。

通过有创意的互动获得用户的信息后，关系营销人员就可以根据数据库得到的核心价值用户名录，通过沟通等方式与这些潜在客户持续互动，最终助力企业创造客户价值。

为此，在以 IBM 为代表的这些企业中，关系营销一直被企业视为一项长期的策略去谋划、去执行。

08

情感营销

情感营销，是借助情感包装、情感促销、情感广告、情感口碑、情感设计等策略来实现企业的经营目标。情感营销已成为各大品牌与消费者建立信任纽带、营销推广的重要途径，成为许多企业营销破局的情感武艺。

在情感消费时代，消费者购买商品是为了获得一种感情上的满足、一种心理上的认同。因此，成功的营销都是“走心”的。通过营造情感场景获得客流，引导消费场景产生，是那些懂得营造情感场景的实体企业生存发展的王道。

情感营销，成就高票房

说到2021年春节档电影，怎么也绕不过《你好，李焕英》；2021年春节档最大的黑马，必定属于《你好，李焕英》。当然，电影质量我们不讨论。

《你好，李焕英》频上头条，异军突起，成为爆款，而且收获53亿多元票房，贾玲也成为全球票房最高女导演。其魔力就是营销！其营销密码就是情感营销、口碑营销。电影温情攻势引爆票房，贾玲跨界“打劫”以情动人。

电影戳中无数人泪点的就是“子欲养而亲不待”，真挚的母女情、精巧的编排、超预期交付、多IP加持等，让《你好，李焕英》如此“上头”，同时这也给情感营销、口碑营销带来很多启发。

事实上，关于亲情的许多艺术作品都催人泪下，感人至深，它们的成功都基于情感的表达。

玩转情感营销于无声

我们生活在这个信息爆炸的大环境中，被舆论、噱头浸染，也被手机等移动设备“绑架着”。每天，我们都被动地接受着充满噱头、抢眼亮点、夸张绚烂的各种营销，但是，有一种很“走心”、有温度的营销方式叫情感营销，仿佛一记“化骨绵掌”，温柔了你的内心，让你心有共鸣、深受感动。《你好，李焕英》，就是玩转情感营销于无声的鲜活案例。

情感营销已成为各大品牌与消费者建立信任纽带、营销推广的重要途径，尤其在大量营销广告诉诸媒体平台，碎片化信息无法在消费者心中形成深刻印象的今天，很“走心”、有温度的情感营销，已经成为唤起和激起消费者的情感需求，诱导消费者心灵上的共鸣的“核武器”。情感营销寓情感于营销之中，让有情的营销赢得无情的竞争。

情感营销就是把消费者个人情感差异和需求作为企业品牌营销战略的核心，通过借助情感包装、情感促销、情感广告、情感口碑、情感设计等策略来实现企业的经营目标。

情感营销主要有三大作用：一是能营造更好的营销环境，二是能提高消费者的品牌忠诚度，三是成为战胜竞争对手的强有力武器。

2020 年，我们认为玩转情感营销达到巅峰的当属华为。华为以手机为连接点，围绕消费者的情感需求，使之与品牌产生认同，一次次用情感营销刷爆朋友圈、刷爆全网。

华为 2020 年财报显示：营收 8914 亿元，同比增长 3.8%；净利润 646 亿元，同比增长 3.2%。其中：消费者业务（手机、手表、平板、PC、大屏等）收入 4829 亿元，同比增长 3.3%，占比 54.2%；运营商业务收入 3026 亿元，同比增长 0.2%，占比 34%；企业业务收入 1003 亿元，同比增长 23%，占比 11.3%。华为业绩“靓丽”，足见其情感营销是相当成功的，情感营销的三大作用都得到了淋漓尽致的展现。

当然，华为被全面“断芯”后，2021 年智能手机市场份额急剧下滑是在所难免的，中国手机市场再次遭遇大洗牌。2020 年 11 月，面对“断芯”危机，华为荣耀品牌打包卖给深圳市智信新信息技术有限公司。

情感营销的本质：从心出发

身处移动互联网时代，能够得到大众关注的都是成功的信息营销。因为我们每一天都在接收无数的消息推送，大浪淘沙后真正能够去阅读、去理解的消息确实微乎其微。我们进行分析后发现，那些成功的信息营销的共性，就是能牵动人们的情感。

成功的情感营销都是“走心”的。直击人心的营销，是开启品牌成功之门的金钥匙。热点不代表没有爆点，公益不代表没有实效，无线不代表没有情感。情感营销的实质，就是消费者个人情感差异；情感营销的目的，就是诱导消费者心灵上的共鸣。在情感消费时代，消费者购买商品是为了获得一种感情上的满足、一种心理上的认同。

记得几年前，专注敏感肌肤护理的功效性品牌薇诺娜（母公司贝泰妮）的一个“敏感肌肤”“走心”广告，治愈了数亿敏感女人，被人评为最懂女人的情感营销。这个广告的视频选取了职场小白、大龄女青年、职场妈妈三类女性群体，并以问题“你是个敏感的人吗?”为开端，让观众带着问题观看视频，通过记录三类女性群体对工作、爱情、家庭三个方面敏感焦虑的内心，引起广大女性的情感共鸣。广告深刻洞察女性新消费需求，直击用户痛点；彰显品牌主张，占领消费者心智；升级情感营销，传递品牌价值。2021 年 3 月，贝泰妮挂牌上市首日市值破 700 亿元，位居行业第一，成为中国“功效性护肤品第一股”。

近年来，护肤品的情感营销策略持续升温，视频营销抓住了女性细腻的情感元素，从情感端体贴女性消费者，这是品牌市场思维升级的体现。对于都市女性来说，护肤品不再停留在基本的皮肤保养层面，而是生活方式和品牌情感的体现。

情感营销策略

情感营销就是把消费者个人情感差异和需求作为企业品牌营销战略的情感营销核心。与传统营销相比，情感营销发生了一系列变化：情感取代概念，体验取代广告，价值取代价格，员工取代顾客。情感营销，通过借助情感设计等策略来实现企业的经营目标。

1. 情感设计

如今，消费者购买商品在看重使用价值的同时，更加追求商品的情感价值。所以，企业在研发、设计、生产产品时，必须迎合现代消费者的心理，多设计开发具有个性化、情感化的商品，增加商品的文化附加值。

因此，情感设计成为企业情感营销策略实施的首要任务，而情感设计包括定制设计、主题设计和人文设计。

设计表现方法很多，如：通过产品、包装的个性、情感的设计，满足消费者个性化、情感化需求；特殊主题设计，如各种节假日、特殊纪念日等，然后根据主题设计产品和提供服务，引起消费者的共鸣；关注社会、关注环保的人文设计，满足消费者的特殊需求。这些，在各种奢侈品、女性用品、保健用品上设计较多，通过设计赋能，引起消费者不同的情感感受，博得其好感和心理认同，最终使其主动购买。

2. 情感广告

笔者在《浅析“八从”广告策略》一文里说过，情感广告，像情人的媚眼一样让人深深难忘，然后又津津乐道，在不经意间达到了“润物细无声”的效果。如今“王婆卖瓜，自卖自夸”式的广告已经令人深恶痛绝，诙谐幽默的广告能使枯燥、乏味的产品变得生动、有趣，为消费者带来乐趣，容易被消费者接受。

广告采用“从情”策略，在中国各行各业比比皆是。日化行业，如雕牌洗衣粉——“妈妈，我能帮你干活了！”白酒行业，情感广告最多、最典型的就是江小白，消费者喝的不是酒，是江小白包装里“扎心”的情感诉说（文案）。

3. 情感价格

情感价格是指能满足消费者情感需要的价格，注重价格与消费者自身的情感需要相吻合。从目前看，市场上的情感价格主要有以下几种形式：预期价格定价（心理估价）、让利作价（优惠促销价）、折扣让价（多采用累计折扣）。

这三种情感价格，线上、线下都有运用，特别是运用在传统的节假日、特殊纪念日，以及电商制造的“黑五月”“618”“双 11”“双 12”等大促活动中。通过实施价格优惠活动，提供满足消费者情感需要的价格，大大提升销量。

4. 情感公关

真诚沟通，以情感制胜。公关是一项讲求沟通的工作，而这种沟通是否出色，很大程度上取决于当事人有没有以情动人。情感公关通过与消费者交流，让消费者有一种可靠感、安全感，使企业与消费者之间保持一种融洽、和谐的关系，从而达到促销的目的。

另外，看似正常的企业裁员举措，如果缺少情感公关的引导，就会存在潜在的危机隐患。情感公关对于企业来说，是成本最低而效果最佳的一种内部公关策略。

5. 情感服务

作为消费者需要的情感服务，企业是真正带着情感，为消费者提供真诚、真心的服务和帮助。这种服务，会让消费者信赖。

《哈佛商业评论》杂志研究表明：再次光临的消费者比初次登门的消费者，可为公司带来25%～85%的利润，而在吸引他们再次光临的因素中，首先是服务质量的好坏，其次是产品本身，最后才是价格。所以，商界营销人士认为：第一次竞争，战场是在销售点；第二次竞争，战场是在售后服务。

对于情感服务，如何打动消费者是难点。任何服务只要带有“情感”二字，就有很大可能打动人。标准化服务、个性化服务、细致化服务，是消费者“再次光临”的核心。

6. 情感环境

人类的情感和精神世界是一个大脑制造的环境。随着经济的不断发展，在营销情境中，消费者的情感作用愈显重要。

舒适、优雅的营销环境能给消费者带来愉悦的心情，让消费者产生亲切感，消费者在体验情感服务的过程中，既购买了原来就想买的商品，又购买了一些原本不打算买的商品（连带销售）。

所以，我们看到许多大型商业购物中心（广场）为了营造好的情感环境，都尽最大努力做到商业、体验、景观三者完美融合。其中，能使消费者产生愉悦之感的主题营造是购物中心体验性设计的核心。另外，一些电商产业园、网红直播基地等，其设计与布局也一样做到了商业、体验、景观三者完美融合，让入驻园区的企业员工愉悦办公、生活。

通过营造情感场景获得客流，引导消费场景产生，是那些懂得营造情感场景的实体企业生存发展的王道。

案例1：鸿星尔克

1. 关于鸿星尔克实业有限公司

2000年6月，鸿星尔克实业有限公司（ERKE）注册成立，通过几年的发展成为国内领先的体育运动品牌。上市后邀请了陈小春作为代言人，那句“TO BE NO. 1”广告语使其家喻户晓。

2005年11月，鸿星尔克（中国鸿星BR9）在新加坡主板上市，成为国内第一个在海外上市的国产运动品牌。

自2011年2月28日起，鸿星尔克因为涉嫌“财务造假”停牌、停止交易，直至2020年10月23日退市。实际上，2018年鸿星尔克就把业务剥离出了上市主体、脱离了关系。

2015年，鸿星尔克的仓库遭遇了一场大火，烧毁了鸿星尔克一半的生产设备，让其经营陷入前所未有的危机。

2020年财报数据显示，鸿星尔克营收为28.43亿元，净利润尚未披露。鸿星尔克董事长致谢：亏损2.2亿元是假，捐赠价值5000万元的物资是真。

2021年捐赠价值5000万元的物资驰援河南灾区，带来了鸿星尔克的高光时刻：7月20～26日，鸿星尔克品牌官方旗舰店光是抖音直播间，销售额就逾1亿元人民币。

2. 鸿星尔克情感营销的胜利

2021年7月，鸿星尔克“野性捐赠”导致消费者“野性消费”，鸿星尔克一夜爆红！于是，营销行业有人问：鸿星尔克这次的营销算不算是一个特别成功的营销案例？是事件营销，还是内容营销，抑或是情感营销？也许，鸿星尔克这次的营销是多种营销综合发力的结果。但我们认为鸿星尔克这次营销的成功，主要靠情感营销。也许，鸿星尔克一开始的“势”不是营销出来的，但后面的“捧”确实是营销出来的。

鸿星尔克“野性消费”的背后，应该是消费者为了正能量买单，靠的是消费者热血、义气、感动等情感形成的“野性消费”。这就是情感营销事半功倍的魔力。有人说，当品牌与自己的顾客形成了最深层次的情感与精神同盟时，它将无往而不胜！鸿星尔克一夜爆红带给我们的营销启示是：当你把营销做到人的心里，消费者能被你的情感触动与产生共鸣时，消费者的“野性消费”就会降临。

3. 鸿星尔克情感营销事件回顾

2021年7月21日，鸿星尔克官方微博宣布捐赠价值5000万元的物资驰援河南灾区。鸿星尔克引爆社交媒体、出圈的一句话是："娘嘞，感觉你都要倒闭了还捐这么多！"（核心）

当晚，鸿星尔克喜提"网红三件套"，一夜之间冲上热搜，直播间被踏破门槛，而淘宝货架更是全线断货。在网友眼中"自身难保却心系天下"的鸿星尔克，一夜之间成为质朴大爱的象征，被推上"神坛"。"鸿星尔克，5000万"迅速成为网络最为火热的话题之一。

随之，在"不能让好人吃亏"的朴素愿望中，网友发起了一场疯狂购买鸿星尔克产品的"野性消费"。网络上，网友在这场狂欢中各种玩梗，把各种"合理想象"塞到了鸿星尔克手里。

网友为鸿星尔克充了约119年的微博会员，到期时间为2140年4月。以15元/月的价格计算，网友为鸿星尔克的官方微博充了2.14万元。不仅仅买鸿星尔克的产品，鸿星尔克在淘宝、抖音等平台的直播也受到了网友的热捧。

在"亏损"与"捐赠"的强烈反差下，鸿星尔克被狂热的网友追捧成为超级网红。基于此，网友促使鸿星尔克完成了"良心企业"的构建，"造神"运动愈发激烈，并衍生出一种令人不可思议的新型"野性消费"。

如一男子在鸿星尔克专卖店买了500元商品，趁店员不注意，扔下1000元就跑了；

一名消费者为了表达对鸿星尔克品牌的敬意与忠诚，在自己身上文了鸿星尔克的商标和图案；

安徽一位新手奶爸，给双胞胎分别取名“段鸿星”和“段尔克”；

退学退网，也不退货（鸿星尔克）；

如果穿上丑，不是鸿星尔克的错；孩子说不好看，我就再生一个……

在鸿星尔克爆红以后，网友创作的段子满天飞。随着鸿星尔克被捧得越来越高，也出现了一些网友极端化情绪宣泄的现象，有狂热网友涌进多个其他品牌的直播间辱骂主播，“只因为你不是鸿星尔克”。

7月29日凌晨，鸿星尔克发布紧急通知，因为短时间订单激增，导致公司系统崩溃，仓库已空。鸿星尔克系统崩溃事件，反映出互联网重度用户Z世代的消费逻辑变了。

4. 后来“被玩坏”的鸿星尔克

鸿星尔克走红之后，总部大楼门口网红扎堆直播，前台电话被打爆，有网红专程前来拍视频，主播成群结队蹭热度。

鸿星尔克从没有热搜到热搜霸屏，热度甚至超过东京奥运会。

不管线上还是线下，数不胜数的国人瞬间涌入鸿星尔克，见啥买啥，抢到就是赚到，来得晚的就把模特身上的样品扒了买，甚至问衣架卖不卖、原材料卖不卖、反正就是一个词："野性消费"。

实在抢不到的，就打鸿星尔克 logo 的主意，理它的发型、文它的文身……反正一句话：如果不支持鸿星尔克，那么在座的各位都有错！

鸿星尔克真的被捧上了"神坛"，网友已经沉浸到了这场自顾的英雄主义狂欢里、轰轰烈烈的"造神"运动里。

鸿星尔克这一次价值 5000 万元的物资捐赠，所带来的卖货直接营收及提高知名度与品牌效应所获得的间接收益，都是十分可观的。

但是，鸿星尔克后来"被玩坏"了，被监督和质疑，被推上了风口浪尖。诈捐、外资、差评、炒作等质疑声不断，一夜反转，鸿星尔克遭遇最严重的质疑。"木秀于林，风必摧之"，这可能是鸿星尔克面临的最严重的一次危机。

任何营销都是为了提升品牌的知名度和美誉度，如这次鸿星尔克品牌的知名度得到了极大的提升，但如果不及时处理好那些乱七八糟的行为，澄清胡编乱造的段子，只会带给这个品牌更大的伤害。水能载舟亦能覆舟，但愿鸿星尔克的一举一动都能经得起考验。

案例2：江小白

江小白是重庆白酒品牌，致力于传统重庆高粱酒的老味新生，以“我是江小白，生活很简单”为品牌理念，坚守“简单包装、精制佳酿”的反奢侈主义产品理念，坚持“简单纯粹，特立独行”的品牌精神，以持续打造“我是江小白”品牌IP与用户进行互动沟通，持续推动中国传统美酒佳酿品牌的时尚化和国际化。因此，江小白是情感营销的成功典范。有人说，消费者喝的不是酒，是江小白包装里“扎心”的情感诉说（文案）。

企业的产品传播，不应该是将内容硬塞给受众，而是找到与消费者的情感共鸣。江小白的产品传播，就是以内容为王的情感传播，是情感诉说。我们都知道，“病毒式传播”是营销传播追求的一个理想目标，而江小白的营销传播，是“病毒式情感传播”，更具杀伤力。“现象级”的传播有一个共同特点：在于用户感同身受，在于被认同。江小白就做到了！

品牌个性化。“我是江小白，生活很简单”是江小白酒业（创始人陶石泉）的品牌slogan，因其个性鲜明、富含时代感和文艺气息，颇受年轻群体的热捧和喜爱。“我是江小白，生活很简单”是江小白追求的生活态度，也是肆意青春真我性情的一种表达。

随着时间的推移和人们对“我是江小白”理念的丰富，其也成为都市年轻群体的集体宣言。“我是江小白，生活很简单”的品牌主张沿用至今，已经渗透进当代青年生活的方方面面，并繁衍出“面对面约酒”“好朋友的酒话会”“我有一瓶酒，有话对你说”“世界上的另一个我”“YOLO 音乐现场”“万物生长青年艺术展”“看见萌世界青年艺术展”“江小白 Just Battle 国际街舞赛事”等文化活动。

随着时代的变迁和更多年轻群体的加入，“我是江小白”所反映的青春含义也愈发丰富，逐渐被赋予了“简单纯粹”“文艺青年改变世界”“寻找真我”“消除互联网隔阂”等新的时代含义。

“简单纯粹”既是江小白的口感特征，也是江小白主张的生活态度。简单纯粹是一种生存方式，既切合了当今时代所倡导的绿色、低碳、环保等生活理念，又提出了一种以真心换真心、不矫揉造作的待人处事方法。江小白提倡年轻人要直面情绪，不回避，不惧怕，做自己。随着时间的推移，江小白“简单纯粹”的品牌形象已经演变为具备自传播能力的文化 IP，越来越多人愿意借江小白来抒发情感和表达自己，对于身处这个复杂世界的人而言，或许人人都是江小白！——这就是江小白年销 20 多亿元最广泛的消费群体。说实在的，江小白属于口感一般的中低档白酒，但年轻人喝的不是酒，喝的是对江小白的情感认同。

现在，“小白”已经成为一个中性词，更多地指“菜鸟”“新手”的意思，是当代新青年群体向往简单生活、做人做事追求纯粹、标榜“我就是我”、自信自谦的一种表现。江小白代表的就是这个群体；这个群体就是江小白的“铁杆粉丝”与消费主力军。

江小白以青春的名义创新，以青春的名义创意，深刻洞察了中国酒业传统保守的不足——拘泥于千篇一律的历史文化诉求，对鲜活的当代人文视而不见，着力于传统酒业的品质创新和品牌创新，致力于引领和践行中国酒业的年轻化、时尚化、国际化。

江小白情感营销“表达瓶”（白酒瓶），通过独具创意的简单文案，将每个人的真实情绪传递出去，既满足了消费者的精准社交需求，又让企业与消费者之间开启了真正意义上的互动。江小白与年轻消费群体“交心”，更深入了解了消费者，也让消费者离品牌更近。

为此，江小白在网络营销、场景营销等方面，同样是紧扣情感营销，不断产生叠加效应。在网络营销方面，微博、社区论坛等阵地，都是“江小白体”语录“病毒式情感传播”与转发、讨论和模仿；基于 KOL 精准营销、公关营销，江小白创造了“约酒大会”场景营销。社会化营销给江小白的品牌力带来了几何级裂变，使江小白在小众人群中形成了强大的品牌张力，并在各地都沉淀了一批批忠诚粉丝。

09

服务营销

营销的本质是价值和服务，营销的核心是价值，价值靠服务落地。服务营销，就是通过提供优质服务，创造价值。

因此，如果你的服务让消费者满意，消费者就会对企业（品牌）忠诚，会坚持长期购买和使用该企业（品牌）产品或服务（黏性高）。反过来，你的企业（品牌）就能够创造价值。

优质服务创造价值

解缙有语："山间竹笋，嘴尖皮厚腹中空"，如果说营销是靠传播、销售的"尖嘴"来吸引消费者，并厚着脸皮撮合交易，那么产品承载的服务则是腹中之物，唯有货真价实才能让消费者对产品有真实的感受，才能带来高黏性及好口碑，才能够实现持续营销与持续盈利。

服务营销的经典案例不胜枚举，如餐饮行业的海底捞，用超级服务、奇葩服务打造品牌；家电行业的海尔，利用"三全服务"创造中国彩电服务新概念；等等。各行各业的许多企业，通过优质服务，创造价值。

它们用优质服务，创造不一样的消费者体验；它们用优质服务，创造更高的消费者满意度；它们用优质服务，传递快乐；它们用优质服务，创造良好的企业业绩；它们用优质服务，创造最佳效益。

服务营销是企业营销管理深化的内在要求，也是企业在新的市场形势下竞争优势的新要素，服务质量已成为企业生存与发展的关键。专业化的服务理念、多样化的服务方式，是优质服务的前提与基础。

服务，是一种脚踏实地的营销模式，而且是一种基于消费者需求和互动的长期营销。花式营销渐远，懂消费者的服务才有未来。

服务营销发展历程

服务营销是企业在充分认识消费者需求的前提下，为满足消费者需要在营销过程中所采取的一系列活动（见图10）。

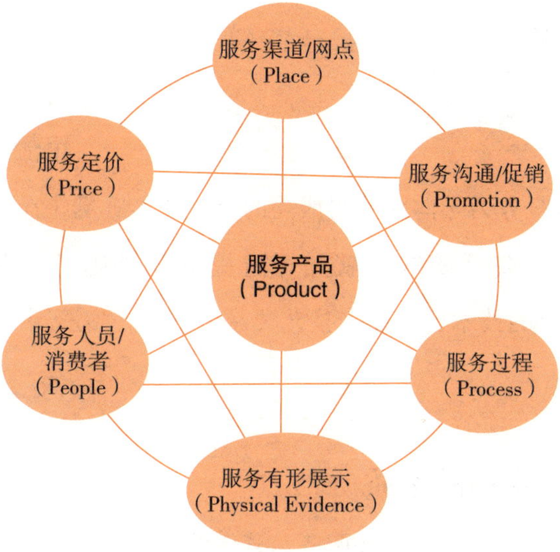

图10　服务营销组合七要素

20世纪六七十年代中后期，美国及北欧才正式陆续有市场营销学者从事服务营销的研究工作，并逐步创立了较为独立的服务营销学。如今，服务营销大行其道，但有专家认为，服务营销思想还远没有达到成熟阶段。在营销理论界，好像尚未见服务营销专著大作问世。

发达国家成熟的服务企业的营销活动一般都经历了7个阶

段：销售阶段、广告与传播阶段、产品开发阶段、差异化阶段、消费者服务阶段、整合阶段和关系营销阶段。到了20世纪90年代，关系营销成为企业关注的重点，把服务营销推向一个新的境界。了解服务营销发展历程，借鉴国外经验促进服务营销提质发展。

近十几年出现的关系营销、整合营销、客户关系管理（CRM）等理论的核心也蕴含着服务营销观念。在企业营销实践中，以服务为导向而获得成功的企业并不鲜见。在化妆品产业中，美容院（院线）就是通过提供差异化、个性化服务（服务人员的技术、技能、技艺要求专业）让消费者满意，获得盈利。

服务营销的本质

营销的本质是价值和服务，营销的核心是价值，价值靠服务落地。那么，服务营销的本质是什么？这是我们需要探讨、研究、掌握的重要课题。

观点一：服务营销的本质，是让消费者满意。消费者满意是一种心理状态，菲利普·科特勒指出：消费者满意是人们通过对产品或服务的实际感知的效果与他们的期望值相比较后，形成的愉悦或失望的感觉状态。因此，如果你的产品或服务让消费者满意，消费者就会对企业（品牌）忠诚，就会坚持长期购买和使用该企业产品或服务（黏性高）。

观点二：服务营销的本质，是管理服务质量。服务具有无形性、异质性、生产和消费的同步性、易逝性、可替代性 5 个特性，导致服务质量管理的难点在于很难实时提供服务、不可挽回，以及较难评定服务质量。所以，我们需要采用有形性、可靠性、响应性、真实性和移情性 5 个维度对服务质量进行评价。

观点三：服务营销的本质，是建立互动关系。服务营销是消费者与服务提供者建立的接触关系。关系是服务提供者和消费者、利益相关者直接的相互信任、相互依赖的交互和沟通。关系观念认为，价值是消费者在与企业保持互动关系的过程中创造的。价值并不是产品本身，产品只不过是价值的载体。

服务营销的本质体现在化妆品行业，美容顾问（BA）就是要通过产品知识服务、护肤的基础知识、演示体验服务等专业服务营销，建立互动关系，提高服务质量，让消费者满意。化妆品美容顾问实施服务营销，就是要站在消费者的角度提供专业咨询、心理满足、购买方便、使用指导、使用价值跟踪等营销行为的准终结环节，目的就是增加商品的使用价值。

如何做好服务营销？

服务营销，赢在定位、赢在人心。服务营销服务的是顾客，营销的是自己。服务营销，人至关重要，员工与消费者是否满意决定了营销的成败。企业如何做好服务营销？我们认为可以从以下这些方面来考虑：

（1）企业一定要培养强烈的品牌服务意识，提升服务态度。这个是实现“优质服务，创造价值”的根基。

（2）塑造专业的服务品质，制定合理高效的服务制度，构建针对性的服务平台。

（3）打造素质优秀的服务团队，做好服务人员的挑选工作，对其进行培训、激励和管理。因为服务是靠人去做的，所以，打造一支“用心去做服务”的执行团队是提升服务质量的核心。

（4）制定差异化、细致全面的服务营销规划。通过全面调查和分析，对消费者的需求和特点进行细分，实施有针对性、可操作可落地、高质高效的服务营销，以获得更多的竞争优势。

（5）做好关系营销，把服务营销推向一个新的高度。以为维系消费者与企业的良好关系为核心开展营销活动，提升消费者对服务的满意度，赢得好口碑，提升消费者的忠诚度。

（6）做好服务营销“无形为有形”的策略。企业实施服务营销，要尽可能地将服务有形化，让消费者更容易感知到服务的存在。服务有形化是指服务性企业借助服务过程中的各种有形要素（包括实物、数字、文字、音像、实景、事实及其他可视方式），使无形服务及企业形象具体化和便于感知的一种方法。

服务营销是一种经营理念，是一种长期活动，可以说是一种没有尽头的营销手段，一方面需要长期维持关系，另一方面需要借助宣传来保持热度、营造氛围和场景。服务营销必须做到深入人心才能够真正获得成功。

卓越的服务营销，就应该做到服务细节人性化、服务态度优质化、服务技能专业化、服务方式灵活化、服务效率高效化。

从服务营销执行层面看，增强服务意识、加强消费者关系管理及构建服务管理、服务支撑、服务文化等体系，需要合力。

案例1：海尔——真诚到永远

中国营销界服务营销成功的案例，当数海尔最有代表性，海尔的服务营销值得我们推崇。海尔服务营销的口号是“真诚到永远”，从消费者的角度出发，从售前、售中到售后为消费者提供满意的服务。

第一，海尔“真诚到永远”的服务营销理念体现在“让消费者感动”上。海尔用心对待消费者，曾经为四川省三台县古井镇心妙乡的一个农民送冰箱。该农民家在海拔1500米的南瓜山上，回家需要走一段山路还要过一段铁索悬崖，平时走路就已经不易了，何况是抬着冰箱上山落户。所以，这个村的农民即使想买冰箱也没人敢送，但海尔愣是做到了，这就是海尔的服务，充分做到“让消费者感动”。

第二，海尔“真诚到永远”的服务营销理念体现在“客户永远是对的”上。消费者的需求要第一时间回应，消费者的不满要第一时间解决，消费者就是海尔的衣食父母，海尔除了需要提供优质的产品，更需要不断提供优质的服务，不管什么难题，只要是消费者提出的或遇到的，海尔都会尽力及时解决，这样消费者满意，才会不断地为海尔创造效益。在济南曾经发生过这样一件事：一位孙姓人家买了一台洗衣机已经使用过了，但几天后发现不是很满意，因为买小了，不能洗被子，又提出想换台大的能洗被子的洗衣机，海尔于是又给他更换了一台大神童10公斤型号的洗衣机。

第三，海尔“真诚到永远”的服务营销理念体现在销售环节的“星级服务”上。星级服务分售前服务、售中服务和售后服务。售前服务就是你在想购买海尔洗衣机前所想了解的问题，海尔销售客服人员会给你提供专业的指导，如你需要买多大的洗衣机、家里几口人、平时主要洗哪些衣物、需不需要洗特殊衣物等，通过你提供的信息，给你专业的指导，然后建议你买什么型号的洗衣机。售中服务，做到“机到人到”，同步给你安装，同时安装工人还会给你普及一些洗衣机的使用基本知识，如洗衣机里的脏物如何清理、洗衣机多长时间消毒一次等。如果在安装的过程中发现问题，也会帮你解决，比如之前我家用的是西门子洗衣机，在洗衣的过程中经常有震动的声音，海尔的安装人员很重视这个问题且帮着解决了这个问题。售后有定期回访，如果有不满意可以提出来，可以帮着解决，甚至可以无理由直接退货。

这就是海尔的服务营销理念，为海尔赢得了世界白色家电第一品牌的美誉。

案例2：美容院——用细节打动客户

专业美容院、高端美容会所或理发店、养发店（单店或连锁店），其经营模式是“产品＋服务”，顾客在消费的过程中，更多地受专业人士意见、专业技术服务的影响。

众所周知，美容院是靠服务营销生存与发展的，销售产品是次要的，提供专业服务才是核心。所以，一家美容院经营得好与坏，往往取决于服务水平的高与低。

美容院要想提高业绩，首先就要将顾客服务好。当取得了顾客的信任后，才能够接着做好后面的服务。美容院也只有建立起良好的服务体系、提供极致的服务，才能够做到真正为顾客考虑，也才能够在顾客心中建立良好的形象。

行业都认同的硬道理：美容院服务，细节决定成败。细节能够让人感动，因为细节表现的是人性的关怀，是真诚的心与心的交融。细节更能体现精益求精。譬如美容师为顾客服务的时候，按摩的时间、力度以及换几遍水等都能够体现一个美容师的专业水准。也正是这些细节，考核着每一个美容师对工作的熟悉程度。只有对产品了如指掌，对操作程序了然于胸，美容师才能满足顾客的需求。

顾客是美容院财富的源泉，用细节去打动顾客，让其持续消费，同时通过口碑传播吸引更多顾客。

下面讲两个具体的例子：

1. 美容院感动服务案例一

玲玲是广州一家美容院入职不到两个月的美容师，通过帮顾客做美容她了解到了这样的信息：美容院有好几位顾客都是医生。细心的玲玲注意到这个细节后，便在服务这些顾客时，对床具、美容用品、仪器、毛巾等进行消毒，并告知顾客。特别是当这些顾客带着朋友来时，她更是耐心地跟顾客朋友介绍美容院的卫生情况，以及为什么要经常消毒等。玲玲自始至终细致、周到的服务，得到了这些顾客的肯定与表扬。通过细节去打动顾客的玲玲，业绩自然是名列前茅。

玲玲通过观察，给顾客提供个性化服务，她的行动感动了顾客，同样也感动了美容院老板。她践行了感动服务，当然她也得到了感动服务带来的福报。

玲玲在美容院召开的会议上分享道：她自己在服务顾客的过程中，是把顾客当作朋友来看待，为顾客营造轻松愉快的环境。在服务的过程中要细心观察，为顾客提供个性化服务，千万不能以自己为中心，要说顾客感兴趣的话题，让顾客享受服务的过程。

2. 美容院感动服务案例二

美美是深圳一家美容院的老板，她的美容院开了两年了，到她店里做美容的基本上都是老顾客，几乎每天她都忙不过来，生意好得不得了。她的顾客基本上都是有关联的，她几乎不用担心美容院的拓客问题，顾客会主动介绍朋友来消费。她吸引、留住顾客的方法，就是热情主动地为顾客提供感动服务。

美美是个十分热情的人，美容店旁边店铺的人几乎都认识她，并称赞她嘴巴特别甜，人特别热心。一次，美美的顾客刚逛完街到美容店做美容时，就发现身上被蚊子叮了几个大包。美美看到后便主动帮她清洗伤口，并消毒抹药，当时顾客就特别感动，于是就经常来美美店里消费，当然也少不了带着她的闺蜜。

美美的另外一位顾客以前总是在不同的美容院消费，遇到美美后，她的这个做法就改变了。在她第一次来美美店里做美容时，刚做完护理，外面就下起了大雨。她既没开车，又没带雨伞，而刚放学的孩子还在等着她去接呢。美美了解到这位顾客的情况后，便主动借雨伞给她，亲自开车把顾客送到学校去接孩子，还把他们送回了家。正是美美的热心助人，感动了这位顾客，从此这位顾客就成了美美店里的长期会员，且经常介绍朋友到美美店里消费。

美美用她的热情、善良与提供增值服务感动了顾客，并设身处地为顾客着想，主动积极去帮助顾客，急顾客所急、想顾客所想，所以她值得拥有更多、更忠诚的顾客。

美容院通过提供优质服务赢得顾客，有专家认为可以提供“五心”级细节服务来留客：专心（专业用心）、细心（细致耐心）、诚心（真心实意）、关心（关注重视）、爱心（爱护尊重）。“五心”级服务就是美容师以专业的形象、知识、技能，从关心顾客的角度出发，真心实意地替顾客着想，并细致耐心地为每一个顾客提供个性化的美容服务，在服务的过程中，让顾客感到被关怀、被尊重。在与顾客建立起信任的关系后，只要有适合顾客的产品，顾客通常都会乐意接受。

案例3：樊文花——“产品+服务”新模式备受追捧

樊文花面部护理连锁，全国门店突破4000家，30多年来樊文花“产品+服务”新模式备受追捧。据悉，演员佘诗曼、主持人李艾等明星名人都非常认可樊文花的“产品+服务”新模式，以及“针对性改善肌肤”的专业护理理念，所以都选择樊文花为她们做面部护理。

樊文花“产品+服务”新模式的核心是回归人本。樊文花选择把重心放在服务体验式新零售上，是30多年来与消费者的长期接触，在专业的现场指导与护理中积累、探索的结果。这模式背后的商业逻辑，就是回归人本，以顾客为中心，为顾客提供最专业的体验服务与个性产品。

樊文花“产品+服务”新模式，是建立在对消费需求和消费行为深刻理解的基础之上的。樊文花将门店布局在各大商超、小区附近等顾客的生活圈内。为了迎合现代女性快节奏的生活，设计出30分钟极致护理体验，顾客只需在逛超市、商场或者下班回家的时候，抽出30分钟，就能做一次专业的面部保养。

产品个性化、服务精细化，是樊文花“产品+服务”新模式成功的关键。为了创造更大的服务体验价值，樊文花设置了一套门店服务体系的标准化管理，包括标准的樊氏手法、服务语言、服务流程、服务行为、服务礼仪，并通过不断培训提升面部护理师的技能，进而使顾客能够在门店获得更好的服务体验，达到极致服务这一目的。

樊文花“产品+服务”新模式、小而精的门店、专业的服务手法、过硬的核心产品优势，完美地解决了现代女性普遍存在的个人护理不专业、没时间护肤的问题，且不同于传统美容店泛而不精和存在隐形消费等，樊文花只专注面部护理，价格透明，符合顾客的消费观。这也是樊文花能被老顾客推荐、被网红喜欢、被明星青睐的原因。

10 网络营销

网络营销已经是数字时代互联网新零售实现营销破局的核心武艺。由于其具有不受时间、空间限制，具有虚拟化、交互性、高效性、经济性、技术性等优势，如今已经大行其道、无处不在。

网络营销的本质，就是流量和变现。网络营销要想成功，引流就成为营销的关键环节，引流费用也成为营销费用中最大的一部分。

大行其道的网络营销

你一定不会忘记杜蕾斯、可口可乐、王老吉、凡客诚品、大众甲壳虫等经典网络营销案例，而 2020 年，一些精彩案例你也一定历历在目，如电影《囧妈》、钉钉、老乡鸡、罗永浩、喜茶、乘风破浪的姐姐、五菱、B 站后浪、秋天的第一杯奶茶、丁真等。

网络营销的“孪生兄弟”有网上营销、互联网营销、在线营销、电子营销，指的是以现代网络营销理论为基础，借助网络、通信和数字媒体技术等实现营销目标的商务活动。

其中，现代网络营销理论主要是：网络直复营销理论、网络关系营销理论、软营销理论、网络整合营销理论。

网络营销虽然诞生于 1994 年，但直至进入 21 世纪之后，才进入爆发性的发展阶段，所以网络营销是 21 世纪最有代表性的一种低成本、高效率的全新商业形式。经过 20 多年的迅猛发展，网络营销如今无处不在，彻底地改变了我们的营销模式、消费模式，以及我们的生活。

但是，我们需要注意以下三点：一是网络营销不是孤立存在的，而是企业整体营销战略的一个组成部分；二是网上销售是网络营销发展到一定阶段产生的结果，但网络营销本身并不等于网上销售；三是网络营销和电子商务是两个紧密相关又具有明显区别的概念，但网络营销不等于电子商务。

面对大行其道、无处不在的网络营销，我们需要了解其特点、基本职能、方法，才能有的放矢提高网络营销力。

网络营销的特点比较多，但主要特点是：不受时间、空间限制，具有虚拟化、交互性、高效性、经济性、技术性等。正是这些特点，让网络营销迅猛冲击、超越传统营销，并促使其大行其道、无处不在。

而网络营销的基本职能，主要有以下 8 个，分别是：网络推广、建立品牌、信息发布、销售促进、渠道管理、客情维护、顾客服务、网上调研。当然，各个职能之间并非相互独立的，同一个职能可能需要多种网络营销方法的共同作用，而同一种网络营销方法也可能适用于多个网络营销职能。

如今，网络营销基本上已经成了每一家公司不可或缺的一种营销手段，常用的网络营销方法有搜索引擎营销、交换链接营销、网络传播营销、病毒性营销、网络视频营销、直播营销、网络事件营销、数据库营销……相信这些方法大家都耳熟能详，因为你们应该都策划、执行过 N 次了。

网络营销的本质

“站在风口上，猪也能飞起来”是这个流量时代的生动比喻。

流量时代是依托现在发达的互联网，利用快速积攒的大量人气（粉丝、流量）的影响力来变现。在这个得流量者得天下的时代，流量已然成为各企业的必争之地。

网络营销的本质，就是流量和变现。

现今中国娱乐圈，“小鲜肉”“小鲜花”流量明星资源垄断严重，在流量、颜值至上的时代，老戏骨无戏可拍。流量明星能够获得大量资源与金钱的共同点，就是有足够大的流量，所以综艺节目背后玩的套路就是博取流量，通过这些“流量小生”“流量小花”的粉丝对爱豆（偶像）的支持赢得高高的收视率、赚取很多很多的钱。

再看近几年兴起的电商直播，一些头部主播就是通过巨大的流量赚得盆满钵溢。随着直播电商的发展，如今“综艺 + 电商直播”成为流行趋势，直播综艺化引领直播新潮流。

网络营销要想成功，引流成为营销的关键环节。于是，各种网络营销方法齐上阵，引流后，为了实现流量变现，达成交易，又轮流上演十八般武艺，消除消费者异议，直到打动消费者、取得消费者的信任，让他们心甘情愿地掏腰包。

记住：网络营销成交，靠的是 80% 的信任，加上 20% 的需求。当然，精准引流是变现的前提。

数字营销 > 网络营销

说到网络营销，一定会联想到数字营销，它们之间的关系和区别是什么？

数字营销，是使用数字传播渠道（如互联网、社交媒体、直播等）来推广产品和服务的实践活动，以一种及时、相关、定制化和节省成本的方式与消费者进行沟通。

从包含关系来看，数字营销包含了网络营销，即数字营销包含了很多网络营销中的技术与实践。数字营销有两个渠道：一个是网络渠道，如社区媒体、电子广告等；一个是非网络渠道，如电视、广播等（见图 11）。

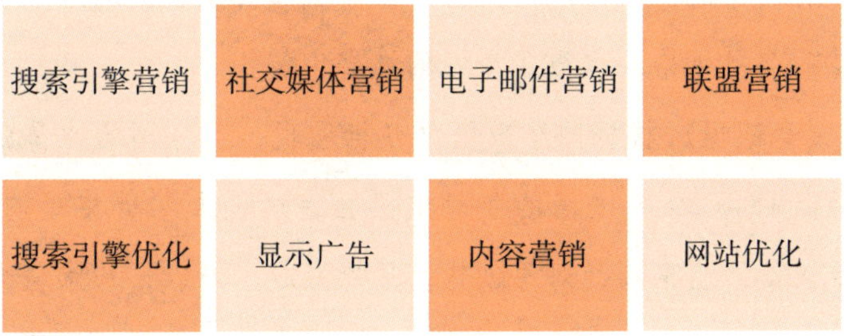

图 11　数字营销的主流渠道

2020 年新冠疫情暴发后，2021 年出现了许多变化，各种趋势的加速已经改变了数字营销的世界，改变了 B2B 和 B2C 营销，数字营销加速了。在数字营销的世界里，关键是要保持敏捷性、灵活性和适应性。

同样，各种新媒体平台层出不穷，丰富了网络营销渠道，充实了网络营销平台。常见的网络营销渠道：如社交媒体营销、新媒体营销、搜索引擎优化等。随着互联网的迅猛发展，网络营销也将不断更新。内容营销、互动营销、移动营销，将是网络营销不断创新发展的核心。

案例1：《奇葩说》

《奇葩说》是由爱奇艺出品、米未制作的一档谈话类达人秀节目。节目以年轻观众的喜好为创作重点，用年轻态的风格、有创意的内容在网络上推广，形成一种全新的网络消费者喜爱的节目风格，取得了很好的社会价值。

《奇葩说》根据网络数据化分析发现，互联网的主体消费人群以18～39岁之间的年轻人为主，这些人学历相对较高，易于接受新生事物，对原创作品更感兴趣。所以，马东会邀请各行各业的知名人士来参加节目，节目主题设计极具当下社会话题性，邀请的知名人士基本上和当下社会话题性相关，同时也是极具话题性的人物。然后围绕社会热点、揭露社会百态、辩论社会冷暖，通过幽默风趣的风格引发广大网络受众深度思考，培养网络受众特别是和节目价值观相似的观众对节目的忠诚度。

当前的网络环境受技术的影响，网络用户呈几何级增长，智能手机更为普及，网络软硬件日趋成熟，随着5G的出现、

Wi－Fi 等的普及，视频网站更为火爆，大数据、云计算、区块链等技术的运用，能够及时让更多的网络消费者观看《奇葩说》。同时，利用大数据技术对观众进行分析，可以更加精准地定位《奇葩说》，不断地分析《奇葩说》观众的喜好，不断调整节目。以开放性、参与性来带动观众，让观众更多地和嘉宾及主持人在网络上充分互动。同步通过各种网络工具来推广传播《奇葩说》，无论是微信、微博，还是抖音、快手、哔哩哔哩、小红书等，都是具有话题性、病毒性的传播平台，使其快速在网络上火爆起来。

节目超高的网络人气，吸引更多的广告主共同合作，产生更好的经济效益，所以《奇葩说》是一个成功的网络营销案例。

失败的运营与陷阱

网络营销看上去很风光，却也有许多失败的案例，其中也暗藏陷阱。作为营销人，一定要引以为戒、以史为鉴，要善于从失败的案例中总结经验、吸取教训。

近年来，那些失败的网络营销案例不少，如 2016 年电影《我不是潘金莲》，因为网络营销“炒糊了”而成为一个典型的失败营销案例。

另外，以摩拜、ofo 为代表的共享单车最终失败，向消费者“举起镰刀”。它们成也营销，败也营销。它们习惯使用“烧钱补贴、抢夺线下流量”的互联网玩法。高额补贴和低价，成为它们吸引消费者的法宝。但实际上，它们并非真正的共享经济。到最后，它们都走向了“资本收割韭菜”的道路。为消费者创造价值是网络营销的核心思想，但最终它们成为“坑消费者”的高手。特别是 ofo 共享单车，用户押金约 16 亿元“消失了”。

网络营销是以互联网为核心平台，以网络用户为中心，以市场需求和认知为导向，利用各种网络应用手段去实现企业营销目标的系列行为。网络营销因其交互性、广泛性而受到企业（品牌）的重视，网络营销手法也进入百花齐放的时代。但是，在这个海纳百川却又虚拟无边的网络里，看上去很风光的网络营销却暗藏许多陷阱，企业一定要去规避这些陷阱，最大限度地发挥网络营销的作用。

陷阱一：过度“注水”而“翻车”。由于网络海量的信息，内容“吸睛”“曝光率”成为重要的考虑因素。于是，许多企业在实施网络营销的过程中，软文过度“注水”而最终导致“翻车”。有时候，“溢美之词”会令消费者产生审美疲劳甚至逆反心理。如果网络推广带货的可靠性与真实性都无法保证，你就无法获得消费者的信任，网络营销只能是竹篮打水一场空。

2021 年国家药监局出台《化妆品功效宣称评价规范》（简称《规范》）：自 2022 年 1 月 1 日起，应当依据《规范》的要求对化妆品的功效宣称进行评价，并在国家药监局指定的专门网站上传产品功效宣称依据的摘要。祛斑美白、防晒、防脱发、祛痘、滋养、修护功效的化妆品，应当通过人体功效评价试验方式进行功效宣称评价。《规范》的出台表明，过度“注水”时代已经过去了。

陷阱二：免费试用、使用。网络营销的本质，就是流量和变现。因此，许多企业在推销产品时采用“免费试用、使用”的方式引流。但是，有一些企业让消费者参与所谓“免费试用、使用”，主要是套取消费者的信息。“免费试用、使用”是馅饼还是陷阱完全取决于企业的营销目的。

陷阱三：经济、一劳永逸。许多营销大咖对中小企业老板鼓吹网络营销投入少、成本低，而且可以一劳永逸，即只要开拓了网络营销，等着订单上门就是了。虽然说网络营销具有经济性、高效性特点，但是引流成本、变现成本不低，有时候比传统线下营销更高。而所谓选择了网络营销，就可以一劳永逸，更是“鬼话”。切记：营销，就没有一劳永逸这回事。

陷阱四：惰性服务。的确，有些企业选择了网络营销之后，通过各种方式方法引流、变现，企业的业务量节节上升。世界上唯一不变的就是变。因此，当市场发生变化后，你的服务也得跟着变。另外，如果你感到业绩不错而开始降低服务水准时，你的这些惰性服务就一定会让你品尝到“苦果”。

如今，内容越来越同质化，渠道越来越失控，用户越来越难以取悦，但如果能够提供高效、优质、贴心的服务，你的网络营销力就一定能够绽放光芒。

案例2：逸仙电商

逸仙电商（YSG. US）于2016年成立，2020年赴美上市。仅用了短短4年时间，逸仙电商就成为首个在美国纽交所上市的国货美妆集团，正式成为美股中国美妆第一股、中国最年轻的美妆上市公司。目前，逸仙电商旗下拥有7个品牌，完美日记是其核心品牌。

2016年，平价韩国美妆品牌式微，完美日记抓住时代赋予的机会，快速崛起。根据逸仙电商公布的数据，2018—2020年，其营业收入分别为6.35亿元、30.31亿元、52.33亿元。其完美绽放，主要归功于网络营销。网络营销是逸仙电商发家、引以为傲的营销武艺。

1. 数字驱动的DTC（Direct - to - Consumer，直面消费者）商业模式，赋能美妆新零售

逸仙电商旗下的完美日记能够迅速成为中国互联网彩妆第一品牌，归功于逸仙电商采用的数字驱动型DTC商业模式，品牌将商品

直接销售给消费者，颠覆了传统美妆行业价值链各个环节，简化了成本结构，从而构建了具有强大核心功能的平台。

作为“大牌平替”，有“极致性价比”的完美日记，其模式与品牌运营成功的背后，是一群非常懂互联网运营规则的团队。完美日记一边通过小红书、抖音、B站等平台开展营销活动，一边在消费者心目中打造“大牌的低价平替”形象。平替是完美日记的消费者对于产品的核心诉求。

完美日记的爆款产品是眼影和口红。而完美日记的核心优势，目前来看，主要就是对于年轻用户心理的掌握，以及依此而延伸的一系列互联网打法。其设计和包装非常契合年轻人的想法，其代言人都是年轻用户喜欢谁就找谁。网红通常都会有一个热度期，但网红能不断迭代，创造新的热点，所以，在琢磨、研究“新鲜感”这件事情上，完美日记是认真的，是有互联网思维的。其曾在招股书中说，公司对Z世代美妆需求的深入洞察等要素，是其业绩提升的重要原因。

数据驱动的产品开发模式，可使逸仙电商在6个月内完成新品的概念提出、开发到上线，远低于其他品牌通常所需的7~18个月，逸仙电商正在以用户驱动的数据化手段推动美妆新零售的创新进程。截至2020年8月，品牌全网用户粉丝数量超过2700万人。完美日记的目标客群都是小女生，“快速变美”是她们的核心诉求。因此，数据驱动的产品开发模式，能够高效满足目标群体的需求。

在营销渠道方面，公司摒弃传统的卖场模式，主要依靠线上渠道销售，包括电商平台、社交平台与内容平台。直销平台包括天猫和其他电商平台的旗舰店及微信渠道（公众号、小程序、微信群），分销平台主要包括京东和唯品会。

当然，逸仙电商后期为了实现线上、线下融合发展，在继续保持线上销量快速增长的同时，从用户的角度出发布局了许多线下体验店。截至2020年9月底，逸仙电商已在中国90多个城市开设了200多家线下体验店。逸仙电商将线下体验店定位为“造美的彩妆天堂”，便于年轻消费者在朋友圈分享，使之具备社交互动和造美属性，由此形成线上线下无缝衔接的购物体验，促进产品销量和复购率的提升。开线下店，渠道多样化，包括丰富产品系列，核心都是建立多维度的护城河。

在传播推广与销售方面，完美日记进行营销引流的主战场是小红书。完美日记与小红书上的博主合作，用请明星和素人进行产品试用、软广植入等手段进行品牌推广。除了小红书，完美日记还在B站、微博、抖音、微信等各大社交软件平台投放了大量的广告；公司与15000个KOL合作，其中有800个KOL的粉丝数量在百万级别以上。正是依靠大量的营销引流、广告投放及与KOL的合作，才使得完美日记GMV（商品交易总额）实现跨越式增长，在中国彩妆品类别中排名第一。

2. 增收不增利，营销费用拖累业绩

网络营销使逸仙电商完美绽放，但是，也给逸仙电商带来两大困惑：一是超乎想象的网络营销费用支出，其2018—2020年的整体费用率分别为68.7%、58.9%、115.5%，引发行业与媒体的热议；二

是企业大幅亏损，如2020年度总营收达52.3亿元，但是净亏损为26.88亿元，公司虽然解析亏损是由疫情、营销支出、股权激励三大因素造成的，但是总是让人对这种“烧钱换增长”的资本运营方式产生怀疑。

同时，其1%～2%的研发费用占比，遭到许多营销专家诟病。公司研发投入不高，是否意味着公司产品没有什么技术含量？在这波国潮中，与完美日记同样走平价路线的花西子、橘朵也已经崛起，完美日记用钱砸出的市场很容易遭到竞争品牌的冲击，完美日记的模式也很容易被同行复制，同行甚至有可能逆袭。随着中国美妆市场的快速发展，在电商和直播带货的销售模式下，国产美妆品牌都在以网红身份迅速占领市场。过度依赖代工、营销和包装的完美日记，如果没有技术研发这个壁垒，应该无法构成足够强大的竞争力。

我们通过对几家美妆上市企业2020年财报进行梳理发现，线上营销基本成为主力：贝泰妮（300957）线上占比82.88%，珀莱雅（603605）线上占比70.01%，丸美股份（603983）线上占比54.49%。重视、布局、发展网络营销已经成为大部分企业的主调。

11 社群营销

'社群营销，是在网络社区营销及社会化媒体营销的基础上发展起来的用户链接及交流更为密切的网络营销方式。可见，社群是以社交化为基础的。

社群营销是个性化、小而美的营销，是移动互联网时代能够起到以小博大效果的营销破局武艺之一。社群类型主要包括产品型社群、品牌型社群、兴趣型社群、资源型社群、工具型社群、客户社群、企业家社群等。

社群营销，就在你身边

如今，社群营销对每个人来说都不是新鲜事物，许多人就是其中一分子。你最熟悉、最常见的如小区水果店家建的群，就是社群电商（弱中心化）的一种形式。相比之下，社交电商是强中心化的，典型的如网红。

群主（店家）把小区有水果消费需求的人聚集在一个群（N 个群）里，通过“知识分享 + 产品发布 + 促销推广（抽奖、发红包等） + 团购”等方式，实现卖水果的社群经济、分享经济。线上传播、线下成交，成为小区水果店社群营销的不二法宝。2020 年新冠疫情之下，以小区水果店为代表的产品型社群营销获得了非常靓丽的业绩，彻底摆脱了突如其来的疫情冲击。

疫情倒逼众多传统线下渠道企业开始高度重视社群营销的价值与作用，让越来越多的企业明白了社群营销的重要性。

社群营销，是在网络社区营销及社会化媒体营销的基础上发展起来的用户链接及交流更为密切的网络营销方式。所以说，社群营销只是一种理念，网络营销是实现社群营销的一种方法或手段。网络社群营销，主要通过链接、沟通等方式实现用户价值，营销方式人性化，不仅受用户欢迎，用户还可能成为传播者。

网络社群的概念出现在 2006 年前后，社群经济、分享经济等概念也是在同样的背景下逐渐被认知的，可见社群是以社交化为基础的。

社群营销的类型

社群营销是个性化、小而美的营销。

社群的类型，可以说是多种多样的，主要包括产品型社群、品牌型社群、兴趣型社群、资源型社群、工具型社群、客户社群、企业家社群等。

（1）产品型社群。社群建立的目的就是通过分享知识、建立情感联系、口碑、促销等卖货（实体产品）、赚钱。做产品型社群有一个重要的前提是：你销售的这个产品，必须是好产品，并且对用户是真实有效的。你的产品一定要具有高复购率、延伸性（可以延伸至其他的产品或者服务）。产品型社群营销的重点、难点在于社群维护与产品复购。所以，建立和运营网络社群，需要注意以下几点：

一是千万不要每天发干巴巴的产品广告，更不要刷屏（大忌）；二是需要时间和耐心去做内容和服务，但不是简单的内容营销，在进行知识分享时，群主在某类话题上要足够专业，要帮着解决问题，进而形成影响力；三是群主需要树立个人的友好形象，需要打造你的高可信度及良好的口碑；四是促销方式多样化、互动化，如需要不定期开展各种促销推广活动，如抽奖、发红包、团购（拼团）、打折等，以提升群内粉丝的响应度和黏性，积极复购。

（2）品牌型社群。是产品型社群的一种延伸，是消费者以品牌为纽带，围绕品牌自发形成的社群。如小米社群就是早期成长起来的比较知名的品牌型社群，是粉丝经济、分享经济的产物。

品牌型社群的粉丝们认为，品牌能体现自身的体验价值和形象价值，并认为这种品牌价值符合他们的人生观和价值观。这些人容易成为“铁粉”。粉丝们可以通过社群来分享知识、表达情感等。

（3）兴趣型社群。是因大家共同的兴趣和爱好而产生的一个群体，如书法群、摄影群、跳舞群、音乐群等。无论是哪种兴趣型社群，都蕴含着巨大的商业价值，值得商家挖掘。

在这个追求自由化、多元化、个性化的社群时代，这些有着“同好”的成员在社群里互动交流，大家在社群中有分享、有共鸣、有收获、有快乐。基于“同好”，社群中会出现大量的“铁杆拥护者”。

（4）资源型社群。就是资源共享社群，是为群友提供各种资源的社群。群里的每一个人都可以在这里获得自己想要、有用的资源。资源共享（获取资源的方式），通常是群主推荐，或者群友分享。这种资源或是学习资料，或是学习心得，或是资讯，或是实用工具等。

对于企业，核心竞争力在于资源整合能力，如对人力资源、原材料资源、土地资源、资金资源、社会关系资源等的整合。

（5）工具型社群。就是社群应用平台，如微博、微信等，是人们进行交流的基础性工具。在我们的工作、学习、生活中，社群已经成为即时沟通的必要工具。

工具型社群具有应用性、灵活性、场景性等特点。如今，工具型社群运用得越来越多、越来越广泛，如企业微信群用来组织会议、协调项目与处理工作，以及进行跨地域、跨公司的合作项目沟通和互动，大大提高了工作效率。

如何做好社群营销?

有人夸张地说：“今天不做社群营销，未来将无商可做。”也有人戏言：“2020 年错过社群营销，你将后悔莫及!”足见社群营销的地位之高、潜力之大。

的确，在营销渠道日益多元的当下，社群营销具有精准、高效等优势，好的社群营销可以最大限度地拉高变现值。

但是，对于社群营销，估计许多企业实际上还没摸清楚套路，或者运营业绩欠佳。如何经营社群是需要好好思考的。

一、做好社群营销，需要注意以下事项

（1）正确的社群定位，明确社群运营目标。社群类型多种多样，第一步需要定位“取舍”，才能够集中资源，充分发挥优势，倾力打造社群。同时，要定好短期、中期、长期目标，有了清晰的运营目标，社群营销才能够有动力。

要想做好社群营销，一定要有一个系统的营销规划，建群、运营、管理群的方法体系，是做好社群营销的重要保障。企业还需要考虑“渠道 + 群”“店 + 群”“社区与社群”等模式。

（2）打造社群的价值，持续运营社群。打造社群价值、不断输出有价值的内容，是社群运营的重点。而持久地将社群运营下去，让大家在群内有所成长、有所收获、有所改变，才是根本。战斗力、归属感、凝聚力，是决定社群寿命的重要指标。

从营销的角度看社群，主要有三个方面的价值：链接、传播、卖货。社群营销，一样是流量变现（见图 12）。所以，实现用户链接至关重要，目前主要有技术、内容、社群三大手段。社群传播与卖货，应该是合二为一的。做社群营销，一定要正确地引导群内粉丝消费，提升其响应度和黏性，促使其积极复购。

（3）社群营销，需要借助工具帮助管理。社群发展到一定阶段、一定规模后，事情会越来越多，群主面对这种局面往往有心无力。为了更好地管理社群，接入社群工具是非常好的做法。如国内做得比较好的社群营销工具“聊天狗”微信助手，实用、操作简单，同时还囊括了社群管理方面的一些功能。现在很多行业都已经开始用社群工具了，不管是在营销上还是管理上都是一种提升。

社群定位与服务	社群群主IP打造	社群种子用户	社群“去中心化”
社群门槛与淘汰	社群培训赋能	社群活动运营	社群线下活动

图12　社群营销变现8个核心点

二、社群营销步骤

1. 引流与获客，流量变现

建群后要运营社群，引流进群，获取高质量的消费者，流量是一切生意的本质，流量是赚钱的第一步。当你拥有了大量的粉丝，就有可能由量变引起质变。

2. 主动互动，建立信任

需要与社群里的粉丝主动互动、交流，否则粉丝就会变成“僵尸粉”，毫无变现价值。群主发起群聊话题，或发放福利，能增强群内成员的参与感；通过发微信红包，能快速活跃群内气氛，建立信任；或进行抽奖，或开展积分兑换奖品活动，促进粉丝到店消费。

3. 粉丝筛选，精准营销

通过互动，把熟悉度高、信任度高的粉丝筛选出来，精心管理，从而实现精准营销。

4. 群内促活，主动下单

运营社群的难点，就是“维护 + 复购”。要想让消费者主动下单并复购，一定需要“诱饵”，而不断地开展促销活动就是最好的诱饵。促销要尽量实现全员参与。

5. 社群裂变，业绩倍增

利用群内的种子用户实现裂变，业绩倍增。当你有了一个成功的社群时，就可以通过铁粉去建立更多社群。主要方法有：在群内做分销活动，例如招代理；开展让利的优惠活动，群成员可转发至微信朋友圈等吸引客源；与异业店铺进行社群共享，流量翻倍扩充。

社群营销案例分享

随着社群的不断发展与壮大，社群营销也受到越来越多企业的认可。社群营销成为企业营销破局、获得消费者信任的重要武艺之一。社群运营得好，能够起到以小博大的效果。下面，我来分享一些成功的社群营销案例，共同学习如何做好社群营销。

案例1：小米

众所周知，小米智能手机的快速崛起，绝对离不开社群营销。小米早期运营 MIUI 论坛，让用户深度参与设计、互动，以及开展线下活动，可称得上初期社群模式的教科书。

(1) 聚集粉丝。小米早期运营 MIUI 论坛积累了 50 万用户（兴趣型社群），这些用户成为小米的“铁杆粉丝”“种子粉丝”，是小米手机成功的根基。小米主要通过三种方式聚集粉丝：微博，获取新用户；论坛，维护用户活跃度；微信，做客服。

(2) 用户参与设计。开发 MIUI 论坛时，小米让这些“米粉”（粉丝、技术发烧友）都参与其中，提出建议和要求，由工程师改进，极大地增强了消费者的参与感与主人翁感。

(3) 认同与传播。“米粉”通过爆米花论坛、米粉节、同城会等活动，增强自我认同感——“我是主角”的感受。这样，这些“米粉”就会主动去传播小米的产品、维护小米的形象与荣誉。

(4) 全民客服。小米从领导到员工都是客服，都与“米粉”持续对话、互动，以及时解决问题。

案例2：爱库存的饷店

爱库存的饷店，是一个“去中心化”的社群电商，一个类似于唯品会的品牌特卖平台，主要提供“清库存，各种尾货、滞销货打折售卖”服务。

(1) 资源整合。爱库存饷店目前合作的品牌有6000+，每天搞活动的品牌有1500+，在众多品牌特卖平台里算做得比较好的；供应链上下游资源聚集，如微商、分销商等。爱库存赋能店主和商家，成为分享经济中的一道靓丽风景线。

(2) 经营模式。由品牌方提供货源和商品信息，代购将商品信息转发至朋友圈和微信群进行销售，消费者付款之后，品牌方发货给代购，最后经由代购将商品邮寄给消费者（赚取代购费）。

(3) 四大优点：

①分销轻松。平台、店主作用突显，成为商品分销核心引擎，让品牌方卖货变得更加轻松。

②有价格优势。通过分销商清库存，各种尾货、滞销货打折售卖，可以价格战来取胜，但又不会影响品牌方的名声。

③形成现金流。快速分销，快速回流现金，得到品牌方青睐。

④扩大私域流量池。通过分销商带来新用户，并且完成订单转化后，这些新用户就能成为品牌方的私域流量，有利于扩大品牌方的私域流量池。

爱库存饷店案例让我们不由自主想到了拼多多这个电商型社群。它主要以“拼”为主打营销方式。因为绝大多数人都希望产品越便宜越好，而拼多多可以通过转发、分享、砍价或拼团等方式，在提升拼多多企业名气和影响力的同时完成销售。当然，拼多多产品“品质良莠不齐”、拼多多“存在假货”等负面消息比较多，这也是拼多多的软肋。

案例3：十点读书

十点读书是一个兴趣型社群，无疑是社群营销成功的典范。下面我们来分享十点读书的成功之道。

（1）共同的兴趣爱好。十点读书把一群爱好阅读书籍、美文的人聚集在一起，通过微博、微社区、微信群等平台，建立起了社群成员间的互动机制。

运营管理：平台通过招募各个城市的会员和班长组成线下读书会，又征集管理员、群助手管理微社区和微信群，组织线下读书会，这些都增强了成员的参与感与组织感。

社群复制：以阅读为主，根据读者需求增加了很多栏目，各个城市线下的读书会也相继发起，因为书籍涉及很多知识和文化，后期还可以扩充成各个文化类、学习类的社群。

社群输出：微信公众号、电台等多个平台进行内容推送；定期请嘉宾分享；社群成员投稿及微社区里的UGC（用户生成内容）。

(2) 成长的三要素。十点读书优质的内容输出（美文、嘉宾分享、书籍）+多渠道的传播（微博、微信矩阵、微社区、电台）+用户的高参与度（投稿、线上线下的活动、管理员的征集）。

(3) 培养群成员参与感。认真回复群成员的留言，多与群成员互动，让群成员参与到社群的管理和平台内容的建设中来，策划一些赠书活动等。

十点读书案例让我们不由自主地想到了正和岛（资源型社群）。它是国内最大的企业家社交平台，目前有4000多名会员，有领袖级企业家上百位。柳传志、张瑞敏、鲁冠球、王石、宁高宁、马蔚华、王健林、郭广昌、李书福、俞敏洪、曹国伟等企业领袖，都是正和岛的热情支持者与积极参与者。链接有信用的企业家，让商业世界更值得信任，是正和岛社群营销的最大价值。

另外一个类似的社群是罗辑思维。罗辑思维通过“选人、培养习惯、加强线下互动”三步构建了一个顶级的微信社群，既有内容互动也有精神上的价值输出，最后还建立了付费模式。罗辑思维将社群做得风生水起、可圈可点，为很多内容平台提供了很好的转型方向。

案例4：星巴克

星巴克的社群营销，可谓炉火纯青。在Twitter、Instagram、Google+、Facebook等平台上，都可以看到星巴克的踪影。星巴克的社群营销玩法包括：

（1）借助Facebook和Twitter推广新产品。星巴克曾经为了促销黄金烘焙豆咖啡而推出Facebook App，顾客可以从中了解新品资讯、优惠福利等。而在Twitter上，星巴克也展开了宣传，并通过文章引流。

（2）借助新闻热点传播。运用贴合热点的广告和主题标签，如美国曾遭遇Nemo大风雪，星巴克当时在Twitter上推出了在寒冬中握着热咖啡的广告；并且利用#Nemo和#blizzard等标签，贴合顾客的生活。

（3）开展慈善公益活动。星巴克曾与Foursquare合作，推出抗艾滋慈善活动——顾客到星巴克消费，并在Foursquare上打卡，星巴克就会捐出 1 美元。

这是一个信息过载、传播过度的时代，我们只有摒弃粗暴的营销模式，抓住社群本质内涵，才能让社群经济健康发展。未来，社群营销将大放异彩！

12 直播营销

直播，是当下移动互联网时代最受关注的营销媒介。直播营销具有互动性、实时性、广域性、传播性等特点，汇聚了多种优势，作为企业营销最锋利的利器之一，不仅打破了传统企业营销模式，还大幅度提高了企业营销效果。

面对新零售的直播营销，作为企业特别是传统渠道品牌制造企业，一定要积极主动、大胆地去做直播营销，这是企业营销破局，乃至弯道超车的好机会、好途径，也是企业持久健康发展的关键。

直播究竟有多火？

“十亿人民九亿商，还有一亿要开张。”这句话说的是多年以前中国人的个人创业意识普及率居世界之最。而如今，是你播、我播、大家播！直播带货的红利背后，市场洗牌还未到来，直播电商火爆。

直播究竟有多火？看队伍！

中国互联网络信息中心（CNNIC）的数据显示：截至2020年12月，我国网民规模达9.89亿人，互联网普及率达70.4%；截至2020年末，我国网络表演（直播）行业主播账号累计超1.3亿人（23家平台汇总数据），其中日均新增主播峰值为4.3万人。我国网络直播用户规模达6.17亿人，电商直播用户规模为3.88亿人，在电商直播中购买过商品的用户已经占到整体电商直播用户的66.2%。

2020年，可谓全民直播“乘风破浪”的时代。KOL、网红、明星、创业者、企业老板全都中了它的毒；更有许多素人为它疯狂，梦想着一夜爆红、暴富。那些才华横溢的人搞直播带货咱就不说了，如歌手、舞者、脱口秀演员、主持人、电竞达人等，但凡有一技之长，或者有颜值、有胆量的，在直播平台上都能赚到钱。

直播究竟有多火？看三大直播平台！

（1）淘宝直播。2016年开通，依托淘宝成为最大直播平台，头部主播：李佳琦。其最大的带货品类首先是服装，其次是美妆，再次是母婴、美食、珠宝等，主流用户为三四线城市女性。《淘宝直播2021年度报告》称：截至2020年末，淘宝直播提供直播内容超过10万场，用户每天可观看时长超过50万小时，近1亿件商品在淘宝直播间上架。

（2）快手直播。2017年开通，“打赏+带货”两条腿走路，头部主播：散打哥。其特点是保持原生态，大小网红各显神通。属于典型的下沉市场，主流用户为小镇中青年。热门品类为低毛利率、去库存商品。《2020快手年度内容报告》显示：截至2020年9月30日，快手应用上共开展直播近14亿场。快手电商GMV达2041亿元，平均复购率超过65%。

（3）抖音直播。2018年开通，2019年李佳琦横空出世，让直播带货彻底火了，尤其是让抖音直播火了。抖音算是各大平台里较晚涉足网红带货的。“抖音一哥”罗永浩，2020年3月至2022年1月以50亿元的实际支付销售额，位列抖音直播带货第一。

直播究竟有多火？看交易！

艾媒咨询：2020年中国直播电商平台GMV三巨头依然是淘宝直播、抖音、快手（见图13）。其中：淘宝直播超过4000亿元，其优势是背靠淘宝平台。抖音5000多亿元交易总额，同比翻了3倍多。其中，有1000多亿元是达人们通过抖音自有电商平台抖音小店交易的，另外3000多亿元是从直播间和短视频跳转到京东、淘宝等电商平台完成交易的。快手也有3000多亿元的交易总额。

图13　2020年直播电商平台GMV

如今，直播营销成为产品销售、教育培训、才艺表演等行业广泛采纳的一种营销模式，以直观、见效快、沟通直接的特点深受企业与消费者的喜爱。

直播营销与直播电商

进入5G时代，以视频传播的直播获得了快速发展。直播成为当前各个行业关注的焦点。在线上交易方式非常成熟的今天，特别是在2020年新冠疫情的催化下，直播营销以其强大的传播优势，成为数字时代的营销利器。目前，直播已经形成了两大领域：一个是直播电商（直播带货）领域，一个是直播营销领域。

一、直播电商

直播电商（直播带货），是以网红等为载体，以内容为介质，即商家提供商品，通过网红等生产的内容触达消费者，从而形成购买力。如今，直播电商大军是推动直播发展的主要力量，也是各 MCN 机构、网红、企业热衷“折腾”的营销手段。

在直播电商这个产业链上，商家、网红、平台（内容平台、电商平台）、用户（消费者）形成了一个完整的产业闭环、生态闭环、流量闭环，重构了全新零售业态。

二、直播营销

直播营销，是指在现场随着事件的发展进程同时制作和播出节目的播出方式，以营销活动为载体，达到企业品牌影响力提升或是产品销量增长的目的。

对企业来讲，更应该关注直播所能带来的营销价值。直播营销对企业来讲可以产生三个方面的重要价值。

（1）营销传播。视频已经成为人们特别是“90 后”“00 后”获取信息的主要方式之一，视频平台已经成为人们获取资讯的主要渠道。所以，抖音、快手、微信视频号、小红书等都成为企业营销传播的重要新渠道。

（2）用户链接。互联网在线化传播平台不仅帮助企业实现了有效传播，更主要的是帮助企业建立起了用户链接。其目的主要是建立私域流量池，提升客户黏性与信任度，实现更精准有效的营销。

（3）直播带货。直播营销可以实现在线化的即时购买转化。

罗永浩在首播时说："直播带货很简单，主播提供粉丝和销量（精准的流量），赚取佣金，厂家提供产品，赚取销量和口碑，粉丝省钱购物，三赢。"

网络直播火爆的几大原因

网络直播作为一种新型传播方式，凭借表现方式多样、互动性较强、体验好、受众范围广、时空适应性强等独特的优势，一方面引领媒体信息传播与互联网应用向更高层次发展，一方面将逐步取代传统媒体和其他形式的网络媒体，受到更多人的青睐，尤其是年轻一代的青睐。下面，让我们来看看网络直播火爆的几大原因：

（1）分享性。开放、分享，是网络直播火爆的主要原因，直播平台上的受众除了可以互动外，还能够将自己认同、感兴趣、认为有价值的信息分享给第三方。

（2）变现性。网络营销的本质就是流量变现。网络直播作为网络营销的一种，变现能力强是其火爆的一个重要原因。其中，变现能力最强的就是直播带货，变现方式包括打赏、送礼物、充值会员、购买 VIP 服务、密码房间、主播守护、广告投放、内容付费等。

（3）可靠性。网络直播因其即时性，以及看得到、听得到的特性，一般会比传统的文字、图片信息更真实、更可靠。尤其是一些社会热点事件，能够通过现场直播呈现事件的全过程。

（4）传播性。网络直播融合了画面、声音、文字等多种表现形式，传播范围更广、传播速度更快、传播效率更高，更有利于信息传播与扩散。

（5）互动性。网络直播能够实现主播和粉丝互动、粉丝与粉丝互动，具有融互动、有趣于一体的社交属性。对于企业来说，便于品牌与消费者互动，建立良好的关系。

（6）社群性。虽然目前的直播电商是以人为中心，但未来直播营销一定是各个平台有不同的定位、不同的受众，逐步形成各式各样的直播圈子。一个直播平台，将有着共同价值、共同需求的人聚集在一起，平台与用户的黏性强，社交关系得到沉淀和扩散。

直播营销的方式

疫情下的 2020 年，直播营销成为大部分企业尽全力去做的营销专项。直播营销已成为企业新营销发展趋势，直播带货成为企业聚焦点，成为直播营销的核心方式和目的。

淘宝直播，靠的是促销；抖音直播，靠的是内容；快手直播，靠的是社交。所以，有人说，淘宝直播适合做销售，抖音直播适合做品牌，快手直播适合做社交。

数据显示，直播平台数量有几百家，但头部直播平台只有几十家。为了吸引眼球、为了流量变现，各种花式直播争妍斗艳，虽然直播方式看起来很多，但大部分大同小异，现归纳为以下五种方式：

（1）品牌＋直播＋明星。明星代言式直播，是企业直播营销方式中最成熟、最容易成功的一种方式，平台、主播、企业、消费者都受益，可谓多赢。

（2）品牌＋发布会＋直播。这种模式的典型代表就是小米。自2016年起，小米就一直在直播平台上举办新产品发布会。小米创始人雷军直播带货小米手机的销量，就连李佳琦都逊色。如此，吸引许多企业大佬上阵，使出浑身解数开展直播带货。

（3）品牌＋直播＋企业日常。相比于个人IP直播的吃饭、购物等，企业的日常活动主要有研发、生产与营销、管理等。因此，可以挖掘、包装“企业日常”，通过直播吸引消费者，实现企业营销传播。

（4）品牌 + 直播 + 深互动。大部分直播营销的互动模式基本是评论、打赏、送礼物。而能够将直播的实时互动性做到极致的，只有深层次互动。深层次互动将解决直播营销只产生短期效果的痛点，实现品牌的持久健康发展。

（5）品牌 + 创意直播 + 分享。这个模式做的不是直播带货，而是直播内容，做真正的分享。如一些线上“微综艺”，主要目的就是让品牌曝光，跟用户互动。

品牌到底需要哪种形式的直播营销，还得视品牌传播需求而定。在“无直播不传播”的时代，你选对直播营销方式了吗？

直播营销是信任营销

3，2，1，上链接！

500 瓶茅台，

秒光！！

……

在很多直播营销中，之所以出现“秒光”现象，一个重要原因在于消费者信任主播，而这种信任的建立非一日之功，是长期培育的结果。

“带货一哥”李佳琦有着高忠实度、高信任度的粉丝，这是其扎实的美妆产品知识［欧莱雅专柜彩妆顾问（BA）经历］与直播评测美妆产品的积累。他应该属于“比女人更了解女人”“比女人更会涂口红”的主播。这样，在粉丝多、粉丝黏性强的李佳琦的“吆喝”下，企业就能够实现品牌知名度、产品销量提升双丰收。

直播营销是信任营销，不是“一锤子买卖”。直播营销越是火爆，越应该筑牢诚信经营的基石。直播营销重口碑、重质量，输出正能量，才能实现长远发展；直播营销要赢得消费者持久青睐，重在与消费者建立稳固的信任关系。

案例1：冰泉牙膏立体式作战直播营销

从少数人的狂欢，到各领域蜂拥入局，短短两年多时间，直播赛道风起云涌，不断迭代，在直播市场规模屡创新高的同时，也涌现了一批与时俱进、顺势而为的企业，它们精准布局，抢占先机，快速赢得领先地位，刷新着大众的认知。2019年横空出世的口腔护理品牌冰泉，正是其中之一。

据了解，2021年5月，冰泉月销售额突破8000万元，相比上年同期增长了10倍；在抖音的月销售额突破3500万元，成为口腔类目第一、个护家清类目第二；实现连续一年多在抖音、快手位居口腔类目榜首。

各种荣誉也纷至沓来，继最初的抖音人气好物榜TOP1之后，陆续斩获新国货大赏天猫十大“国货新品牌”称号、中国国际美博会“她消费杰出品牌奖”、中国化妆品大会“2020年度最具创新力品牌”、2020年度最佳创新品牌“中国化妆品黑天鹅奖”、“2020中国最具潜力新品牌TOP100”、2020中国美妆“年度新国货品牌奖”、苏宁易购“2020年度新锐品牌奖”、天猫金妆奖“2021年度黑马新品牌奖”等。

冰泉总经理程英奇表示，罗马不是一天建成的，作为中国口腔年轻化新锐领导品牌，冰泉用快速进阶的成绩和新渠道营销打法，证明了新媒体、新平台、新消费成就新品牌的全新运营公式。

1. 立体式直播布局，专业化分工运营

2020年3月，冰泉开始启动直播，从明星直播与达人直播相结合，到达人为主、明星为辅，再到全达人矩阵与自播矩阵相结合，在每一个发展阶段，都会结合平台的趋势和特点，结合消费的流行方式，不断变换布局，实现直播的立体式布局和管理效果的最大化。

2021年，冰泉成立了专门的直播运营部门，为品牌所有平台、部门的直播提供支持和服务。程英奇谈及，直播运营部门既是业务部门，也是一个销售渠道。任何管理，都不可能指望天上掉馅饼。专门成立直播运营部门，就是为了推动直播从粗犷式运营走向系统化管理。专业的团队，做专业的事。冰泉的直播管理早已经进入数字化时代，进入多部门衔接、集体作战时代，进入科学规范的体系管理时代。

因此，冰泉在天猫、抖音、快手等三个主要平台上形成了五大直播运营业务板块：一是核心直播合作板块，比如李佳琦、罗永浩等；二是前100名主要达人合作板块，这也是直播销售的主阵地；三是直播的MCN合作板块，属于“1+N”的大小主播合作矩阵；四是尾部海量红人直播板块，属于数量取胜；五是直播基地的合作，属于长尾效应。

据介绍，冰泉每月合作的达人有1500+位，几乎覆盖了所有头部和腰部达人，也塑造了口腔直播领域品牌达人的形象。除了淘系店铺自播，冰泉还在抖音、快手建立了多个品牌自播店铺，通过号店的同步培育，造就了月销过千万的自播业绩。

2. 充分与平台融合，实现同频共振

各直播平台的规则，都在快速变化。因此，冰泉会积极与直播平台官方建立高效的对接沟通机制，积极了解平台的年度战略、季度工作策略、阶段性工作重点和运营投入规则，熟悉各种创新打法和互动玩法，让自己融入各大平台的关键节点，与平台同趋势、同形势、同步调、同节奏，充分融合，同频共振，在变化中变化、在变化中前进、在前进中不断深化，从而实现冰泉与直播平台共赢。

比如2021年7月14～20日，冰泉积极参与为期一周的“抖音电商新锐发布”活动，这是抖音电商核心S级IP之一，通过与外部优质主播朱梓骁、呗呗兔、美希等合作+内部自播的优化+抖音平台的营销资源助力+线下全国大地影院传播推广，立体式、多方位为冰泉赋能，增加冰泉品牌的消费者互动和触达，打响了2021年下半年品牌决胜新流量平台的“第一枪”，实现了营销新冲锋和新起点，展现了冰泉全新的发展势能。

2021年7月底至2021年8月初的东京奥运会期间，积极融入平台营销节点的冰泉，又在自播领域实现了新的发展：7月的最后一周，冰泉参与快手“夺金特卖季”活动，登上每周品牌自播新秀榜TOP 2；8月第一周，冰泉品牌店GMV暴涨171%，再次登上快手电商每周品牌自播新秀榜TOP 2。

此前，因为在直播领域的优秀表现，冰泉还拿下了“金播奖·年度热播品牌”、中国直播“金品奖”、2021CIBE中国（北方）直播电商风云榜“短视频直播内容营销TOP品牌奖”等荣誉。

3. 营销配套到位，持续创新升级

程英奇谈及，新品牌要通过新平台、新人群、新消费来实现成功，这里面就有一个非常重要的管理配称。也就是说，品牌的定位和属性、产品的品质，首先要符合新平台的特性，能

激发新人群的兴趣，适合做新消费的内容。

冰泉创立之时，就从传统牙膏中跳出来，独创了有社交属性的口香牙膏，做年轻、时尚、炫彩和灵动的口腔产品，十分契合抖音、快手等新渠道的特性，能激发不同圈层的Z世代人群的兴趣和喜爱。因为有社交和生活的双重属性，冰泉全新的场景和情感消费内容也能极大地推动销售转化。同时，冰泉的高颜值和高品质让消费者体验到了物超所值，能提高复购率，从而形成了持续的销售力。

而针对不同的平台和不同的达人类型，冰泉会有不同的产品价格段、不同产品配赠的组合和业务合作模式。同时，也会有冰泉品宣的策略性投放和品效合一的营销类广告，共同提升品牌在不同直播平台的曝光度和影响力，进而形成多维度的销售力，“声量+销量”齐涨。

直播赛道变化迅速，冰泉也在持续做好直播的创新升级工作，在不同的时间点抓不同的产品重点，用不同的直播话术、直播主题和脚本设计，制订不同的投流计划、流量运营计划等，持续奔跑在成功的高速路上，推动品牌声量和销量的持续增长。

直播大时代，谁能积极顺应、快速反应，谁就能抢占更多红利。不过，从来没有随随便便的成功，运气背后一定是充分的准备和能量的积累。

案例2：直播小白慕思逆势破局

泛家居行业终端渠道越来越多，如家居品牌专卖店、社区店、Shopping Mall店、体验馆、直营店、经销商店等，传统终端渠道被各种力量拉扯、争夺。伴随着信息化、数字化的互联网经济的蓬勃发展，流量入口呈现出了多元化、碎片化的趋势，不仅催生了如天猫、淘宝、京东等传统电商平台，还衍生了如小红书、微信公众号、淘宝头条等内容电商，如微信小程序、拼多多、云集（微商转型）等社交电商，以及最受企业热爱的如淘宝直播、抖音直播、快手直播等直播电商。

在新老渠道大战下，传统渠道获客难、获客成本高成为泛家居企业一大发展阻力。传统的单一的渠道已然不能满足新时代的发展，多样化的家居渠道才能全方面助力家居行业新发展。特别是面对互联网新渠道的挑战，传统渠道流量大减、销量大降。面对如此现状，如何突破渠道壁垒，借助互联网力量变革升级，是当下泛家居企业面临的难题。传统渠道经营者转型触网面对的是一支“80后”“90后”网络消费主力军，他们的消费观的关键词是个性化、多样化、高颜值、愿意尝试多元化的购买渠道等。

2020年，在新冠疫情突袭下，国人居家隔离共同抗疫，足不出户现象更是进一步弱化了泛家居传统终端门店的核心竞争力。为了抓住流量与满足客户需求，不少泛家居企业除了加大对电商平台的布局力度外，纷纷试水直播卖货这一流行、高效且可带给消费者“面对面”消费体验的新形式。东莞慕思就是其中一家敢为人先、迅速反应的寝具床垫用品公司。

东莞慕思是直播小白，无直播经验、无运营账号、无主播，3条战线、30天、15万+个订单，创新直播卖货纪录，实现营销逆势破局大突围。

战线1：全国抗疫特惠直播，10.33万+个订单。

战线2：全国微信私域流量运营，3万+个订单。

战线3：慕思携手居然之家直播，2万+个订单。

从2020年2月1日开始，慕思就在做整个战略的筹备工作，21个部门开了100多次线上会议，用7天时间，开辟了3条战线，共组建了54个直播团队，共动员了1万人。

(1) 第一步：微信爆破行动，将私域流量转化为品牌流量。

慕思先后建设了1000家线上微信商城和97个微信团队，开展“微信炒群”活动，实现直播间与微信的渠道联动。不同的兴趣构成了不同的圈层，而兴趣圈层对消费者的购买行为会产生影响。

慕思通过对消费者的深度洞察，借用消费圈层文化，打造了一场微信爆破行动，突破渠道壁垒，实现了从线下到线上的完美连接。通过全国微信私域流量运营，慕思获得了3万+个寝具床垫用品订单。

(2) 第二步：开展全国抗疫特惠直播活动，实行全员营销。

慕思通过30天的筹备、2亿元的专款补贴以及跨部门、跨区域“洗牌式”运作，以直播间为媒介，为消费者科普睡眠知识以及提供慕思睡眠产品抗疫特别优惠。

全国抗疫特惠直播活动共吸引了550多万人关注，150多万名消费者自发成为慕思直播的代言人，触达超过1.28亿受众。在这期间，慕思发挥经销商渠道力量，组建经销商直播团队以及万人服务团队，将强大的私域流量引至直播间，一举将直播间变成了一个流量巨大的线上渠道。通过全国抗疫特惠直播活动，慕思获得了10.33万+个寝具床垫用品订单。

这次活动是一次真正意义上的全员营销，经销商的老板、店长一起参与，慕思的所有人员，从总监、经理，到区域服务中心负责人、经销商负责人，再到每家店的店长、店员，全部以KPI（关键绩效指标）考核的方式，参与本次活动。

(3) 第三步：强强联合，携手直播老手居然之家突破渠道、品牌壁垒。

3月6日，慕思携手居然之家开启联合直播。官方数据显示，本次活动共覆盖居然之家53家线上同城站、54家线下门店。

在2.5小时直播中，共斩获近1.5万笔订单，累计观看人次77.7万人次，环比增长238%；累计互动人次1307.2万人次，环比增长82%。此次活动，居然之家在直播效果上保持了强劲的增长势头。

除了这次的直播营销试水，慕思在当下炙手可热的体育营销、IP营销及跨界营销等领域都有所实践，在推广品牌文化的同时，也为品牌积累了大量的粉丝。

慕思总裁姚吉庆说："如今才真正感受到新零售的魅力，2020年才是新零售的元年。"过去，很多人并未感受到数字化的紧迫性，但经此一疫，慕思感受到了直播带货的魅力，视野拓宽了，思维更加活跃了。

敢创新、敢作为，是慕思直播营销逆势破局成功的关键。慕思在短短30天里，在没有直播经验的情况下，实行全员营销，开辟了3条战线，实现了15万+个订单的战绩，营收甚至超过了2019年全年。慕思在直播领域的成功探索，以及通过开辟3条战线逐步突破泛家居行业渠道壁垒，为行业提供了借鉴范本。

慕思总裁姚吉庆认为，慕思直播营销逆势破局成功，主要得益于三个方面的支撑：一是战略牵引，二是组织支撑，三是文化驱动。

“变则通，通则久。”东莞慕思“直播经”对广大制造企业有非常好的启发与借鉴作用。传统渠道品牌制造企业，一定要积极主动拥抱数字化新零售，大胆布局数字营销，建立超级用户生态系统，去做直播营销，这是企业弯道超车的好机会、好途径，也是企业持久健康发展的关键。

全民直播时代终结！

直播带动了经济发展，但也夹杂着乱象，主播言行失范、进行虚假宣传和数据造假、销售假冒伪劣商品等问题频繁出现，如“假化妆品”在直播间横行、“辛巴燕窝事件”接连发生，严重损害了消费者的权益，也可能会造成劣币驱逐良币。直播带货的规范迫在眉睫。

自 2020 年下半年至今，国家、各地政府以及行业协会组织针对直播行业已发布了 21 个标准与规范，直播行业的监管战已然打响。

国家互联网信息办公室、公安部、国家税务总局、国家市场监督管理总局等七部门联合发布《网络直播营销管理办法（试行）》（简称《办法》），自 2021 年 5 月 25 日起施行。《办法》明确细化直播平台、直播人员、服务机构等参与主体各自的权责边界，包括 8 条红线、5 个重点多项约束。主要举措如下：

（1）《办法》明确了直播营销平台、直播间运营者和直播营销人员的权责，规定了各参与者的主体责任。

（2）《办法》要求平台制定直播营销商品和服务负面目录，对直播间运营者和直播营销人员的真实身份信息进行认证核验；建立直播间运营者账号的分级管理制度和黑名单制度，建立健全投诉、举报机制等。

（3）《办法》明确，直播间运营者和营销人员不得发布虚假信息、营销假冒伪劣或侵权的商品，不得进行数据流量造假等，也不得通过账号头像简介、直播间布景等暗示方式误导用户。

《办法》出台，预示着全民直播时代终结，更释放了一个重要信号：直播作为新兴商业模式和互联网业态，一方面需要鼓励支持，另一方面需要科学、有效地进行监管。监管与规范并举，营造有序直播市场，中国直播营销才能成为一个有价值的渠道。

13

体验营销

体验营销，是企业营销破局常用武艺之一，就是通过看、听、用等，让消费者充分调动自己的感官、情感、思考、联想、行动等感性和理性因素，从而投入品牌提供的场景、产品、服务中，感受其利益点和优势的一种营销方式。

在体验营销中，消费者参与、体验需求、品牌个性、体验活动主题是必不可少的，而体验式营销活动都是紧紧围绕着“消费过程体验”这一核心来开展的。

需求激增的体验营销

有数据显示，中国体验营销需求激增，市场规模由2015年的256亿元增至2019年的398亿元，复合年增长率为11.7%，预计2022年有望突破500亿元。

专家分析认为，三大因素驱动体验营销行业发展：一是由日益增加的中产阶级所支撑的需求，二是年轻消费者对生动化营销方式的需求，三是体验式零售及创新技术的使用。

体验营销，就是通过看、听、用等，让消费者充分调动自己的感官、情感、思考、联想、行动等感性和理性因素，从而投入品牌提供的场景、产品、服务中，感受其利益点和优势的一种营销方式（见图14）。

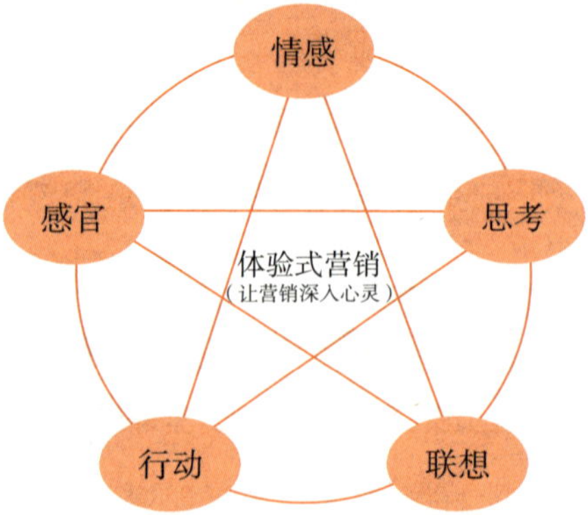

图14　需求激增的体验营销

提到体验营销，一定绕不过这些“沉浸体验式营销”经典案例，如耐克、宜家、星巴克……，它们在体验营销场景（如体验中心、卖场）和道具上，努力营造愉悦、舒适等情感体验，充分调动消费者的视觉、听觉、嗅觉、味觉、触觉及主观能动性，让消费者与品牌在体验中共创价值。

在体验经济时代，体验式零售在中国日益崛起，并成为一种趋势。体验营销成为驱动企业业绩增长的重要力量。

体验营销五大特征

体验营销诞生于1998年的美国，是一种新型营销理念，21世纪初传入中国。与传统营销模式相比，体验营销有着鲜明的五大特征：

（1）消费者参与性。在体验营销中，消费者不再是观众，而是成为直接参与价值创造、营销活动主体的“演员”。参与性，是其与传统营销最大的差别。

（2）体验需求。体验需求是消费者通过亲身体验和感受来认知商品并决定接受与否的一种市场需求。主要有情感需求、个性化需求、互动性需求、参与性需求等。体验营销的核心观念包括：不仅为消费者提供满意的产品和服务，还要为他们创造和提供有价值的体验，特别是利用消费者感受创造需求。

（3）个性化。在体验营销中，一改传统营销标准化需求，特别强调消费者的个性化需求，以各具特色的产品满足消费者的个性化需求。

（4）体验活动主题。体验营销活动都是围绕精心设定的主题开展的，同时设计相关的体验场景与道具。体验营销最大的不足是销售成本高，销售辐射面小，不适合低利润的商品，也不适合感官刺激小的商品。

（5）消费过程体验。消费过程是消费者个性化体现的过程，每一位消费者的心理特点与生理特点的差异，都会导致消费体验与商品价值在感受方面有所不同。

如美妆行业，在卖场做得比较多的体验式销售是免费试用、免费检测肌肤或毛囊等；而在美容院的体验则是五花八门的，体验式营销方法和工具也有很多，如头部、面部、身体护理都有体验式营销。通过体验式营销，美容院可实现三大目标：吸引新客户购买、促销、建立品牌 IP。

在体验营销中，消费者参与、体验需求、品牌个性、体验活动主题是必不可少的，而体验式营销活动都是紧紧围绕着“消费过程体验”这一核心来展开的。通过产品、服务和场景的实际体验，满足消费者的物质需求和情感需求，并借助互动和交流，获知消费者的评价、反馈和即时购买行为。

体验营销的形式

体验营销的形式分为两类：一是传统体验营销形式，如知觉体验、思维体验、行为体验、情感体验等；二是随着时代发展和营销方式的不断创新出现的新型体验营销形式，如美学营销、娱乐营销、生活方式体验营销、氛围营销、文化营销等。

一、传统体验营销形式

（1）知觉体验。就是将视觉、听觉、触觉、味觉与嗅觉等知觉器官应用在体验营销上。如香氛洗发水，就是通过嗅觉产生品牌识别，吸引消费者购买。

（2）思维体验。通过创新，引起消费者的好奇、兴趣，对问题进行集中或分散的思考，为消费者创造认知和解决问题的体验。

（3）行为体验。通过增加消费者的身体体验，提供他们做事的替代方法、替代的生活形态与消费者进行互动，丰富他们的生活，从而使消费者被激发或自发地改变生活形态。

（4）情感体验。即体现消费者内在的感情与情绪，使消费者在消费中感受到各种情感，如亲情、友情和爱情等。

（5）相关体验。即以通过实践自我改进的个人渴望，使别人对自己产生好感。它使消费者和一个较广泛的社会系统产生关联，从而使消费者建立对某种品牌的偏好。

二、新型体验营销形式

（1）美学营销。是将品牌灵魂在创意美学的指引下，改变消费行为的体验式营销。这种方式在奢侈品行业尤其盛行，并且被广泛应用。另外，在美妆尤其是彩妆行业，也有许多成功案例，如花西子、丸美等。

（2）娱乐营销。是指以消费者的娱乐体验为诉求，通过愉悦消费者来达到企业的营销目标。《超级女声》节目的蒙牛酸酸乳体验营销，就真正做到了不遗“娱”力。

（3）生活方式体验营销。是以消费者所追求的生活方式为诉求点，通过将公司的产品或品牌演化成某一种生活方式的象征甚至是身份、地位的识别标志，从而达到吸引消费者、建立起稳定的消费群体的目的。成功典范：宜家家具卖场（卖的不是家具，而是生活方式）。

（4）氛围营销。就是有意营造这种使人流连忘返的氛围体验。如星巴克，整个星巴克就像一杯咖啡，其卖场都围绕着咖啡文化而设计。

（5）文化营销。把产品作为文化的载体，通过独具匠心的文化体验安排，将艺术、文学、音乐等看似高雅的文化活动带给消费者，让消费者感受到产品的独特韵味。

体验营销以拉近企业和消费者之间的距离为重要经营手段，成为企业获得竞争优势的新武器。但体验营销并不适合所有行业和所有产品，当产品具备不可察知性，品质必须通过使用才能断定时，才可以运用体验营销。

实施体验营销的对策

一、树立“消费者导向”的全面体验营销观念

郭德纲说，观众就是衣食父母。对于企业来说，消费者就是衣食父母。企业的每一位员工，都必须从根本上认可“一切为了消费者”的理念。企业团队必须围绕“打造愉悦消费者体验”来组建和管理，将那些不利于消费者的流程不断进行优化。为了赢得体验经济，企业应该组建体验营销团队，进而形成企业文化及品牌战略。

二、制定体验营销战略，实现体验营销立体化

实施体验营销要求企业制定相应的营销战略，体验营销战略是确保企业战略目标顺利达成的重要保障。体验营销立体化，包括形式多样化、时间持续化、空间系统化。体验营销要让消费者体验更加有效，同时在体验式营销管理过程中，努力将消费者体验层级提高，让客户拥有愉悦的体验。

三、充分利用计算机网络技术，实现体验营销网络化

数字网络时代为体验营销网络化提供了良好的平台，大大提高了消费者的参与度。不受时空限制的网络营销，为体验营

销“零距离沟通”“深层互动”提供便捷高效手段，为消费者提供个性化、人性化的体验服务保驾护航。

四、多措并举，打好体验营销策略组合拳

线下线上同步布局体验营销；打造极致产品，提升体验营销的效果；打好体验营销策略组合拳，如挖掘品牌核心价值，获取高溢价能力；制定体验价格；整合多种感官刺激，创造终端体验，重视场景体验；充分利用纪念品开展体验促销；等等。

传统的营销模式已经渐渐失效，企业和消费者沟通交流的方式在改变。数字网络时代，企业需要实施体验营销，这能够为消费者提供愉悦的体验，为消费者和企业创造价值。

消费理念、消费方式在变，传播方式和渠道在变，互联网社区社群营销异军突起，粉丝经济迅猛发展，娱乐化营销已成新趋势，个性化需求及品牌个性化时代来临。这一切，都为体验营销提供了良好的契机、市场氛围及有效的运营机制，也为体验经济的快速发展提供了原动力。

体验营销成功案例：苹果

苹果将体验营销做到了极致，消费者一进入苹果专卖店就有一种试用的冲动，无论哪一款都想试用一下。为什么会有这

样的冲动？一些品牌的电子产品为什么就不能引起我们试用的冲动呢？

首先，苹果专卖店的大空间开放式设计，让你没有心理负担、愉快地走进去，并自主地拿起产品试用。其次，苹果专卖店的整个设计简洁大方，如苹果的手机、电脑一样，除了一个被咬了一口的苹果标识比较突出以外，就剩下试用的电子产品陈列和休闲空间，再没有其他辅助元素，给你舒服、大方、高端的感觉并乐意亲近。

苹果专卖店的门头设计如产品一样简洁，没有任何多余的图片、颜色及信息，除了映入眼帘的被咬的苹果 logo 以外，其他就是大面积的品牌色银灰色留白。

进入店内是更多的留白空间，让人能毫无拘束地自由走动、自由选择、自由试用。装修基本上只用不锈钢、玻璃和北欧斯堪的那维亚地板三种材料。专卖店的选址也充分考虑到消费者人流，一般选择在知名的购物中心和步行街，便于消费者选购。

所以，对于苹果的体验营销来说，从环境、空间设计到产品陈列等都事先考虑到了给消费者提供一种亲近愉悦的体验。这就是所有企业在实施体验营销的时候需要学习的，一切事情都需要做在“试”和“买”的动作之前。

苹果专卖店充分考虑到消费者的体验感受，在消费者试用产品前，服务人员很亲切，会主动鼓励每一个进店的人去试用，不管你形象如何、目的是什么，他们都会主动鼓励你去试用，不会在意你买不买。如果你试机很投入、很着迷，苹果专卖店的服务人员会安静地站在一边不打扰，任你沉迷于试机的乐趣中，待你有需要时才会上前为你服务，同时为你提供专业的咨询服务，不像其他一些品牌会迫不及待地向你推销。你所想要了解的有关苹果产品的信息和问题，服务人员都会认真地解答，直到你满意为止。

店内还设置了休闲吧台，让你随时休息，充分体验电子产品给你带来的乐趣。在这种氛围中，消费者可以毫无顾忌地去试用、去体验，在体验过程中会增强消费者拥有产品的欲望，甚至沉迷于“产品就是我的”错觉中，促使购买。

苹果是体验营销的榜样，把开专卖店当成一种创造体验的消费乐趣，将体验营销发挥到了极致，触动了消费者的内心情感，在让消费者体验产品的同时又感受到了情感升华的体验，使消费者被环境、产品、文化充分感染，并融入强烈的拥有苹果产品的渴望中。这就是体验营销的魅力。

美妆行业体验营销扫描

在营销经典案例短视频里，我们看到的最传统的体验式销售就是如街头卖菜刀、削果皮的，他们一边演示一边说着押韵的段子，一会儿工夫就卖出去好多。而在美妆行业，各种各样的体验营销也是可圈可点的，特别是专业美容院，其经营模式就是“产品 + 体验 + 服务”，其形式五花八门、多姿多彩。

在传统线下终端，如 KA 卖场或卖场前广场，我们经常可以看见美妆品牌开展“产品 + 体验 + 服务”的体验营销活动。记忆里，特殊功能化妆品企业做体验营销活动最多，如以“除螨”功能为核心的满婷品牌，搞几台螨虫检测仪，为消费者免费检测螨虫，看到肌肤上被放大的螨虫，消费者便会坐立不安，立即掏钱购买产品，这样满婷品牌就靠“除螨”系列护肤产品赚得盆满钵溢。再后来，护肤品、防脱洗发水也跟进，弄几台肌肤检测仪或毛囊检测仪，免费为消费者检测肌肤或毛囊。消费者看到自己不多的毛囊或死去的毛囊，吓得立马掏钱“拯救”，防脱洗发水也就顺利地到了消费者手上；根据消费者皮肤检测状况，适时推荐相应的护肤品，对于女性消费者而言，有什么比“永葆青春”更重要呢？

而在体验营销活动中，现场演示、让消费者亲自参与是最有效果的。如广州、上海每年举办一次的美博会上，无论到专业美容、养生、养发、美甲、美睫、纹绣、大医美等哪一个专业版块，你都可以看到许多追求美丽、健康的消费者在做现场体验。再如染发企业，无论在 KA 卖场，还是 OTC 药房渠道，他们现场演示染发，邀请消费者现场体验染发，都做得很认真、很仔细、很周到，这样自然不担心没有生意。

现场检测也好，现场演示、现场体验也罢，这些活动往往能够备受瞩目，吸引消费者（或商家）络绎不绝前来咨询和体验。一方面，通过愉悦的体验，让消费者（或商家）了解企业的产品，并产生好感；另一方面，通过愉悦的体验，促使消费者（或商家）购买。

随着互联网的发展，如今的体验营销已经成为新型体验营销，形式包括美学营销、娱乐营销、生活方式体验营销、氛围营销、文化营销等。当然，这些新型体验营销相互交融，加上跨界营销变得精彩纷呈，对品牌的塑造与销量的提升，是传统体验营销望尘莫及的。

如今，我们已经进入以用户为主的互联网体验营销新时代，体验已经是社会化革命的工具，用户参与就是体验经济。在体验营销中，因其具有参与性、互动性，消费者摇身一变成了营销舞台上的演员；分散化、碎片化、数字化的消费特征裂变，个性化需求迸发，每一个人的要求越来越高，越来越希望得到意外的惊喜和个性化的服务。

所以，互联网体验营销是线上、线下高度融合的，线上场景体验（虚拟）、线下体验馆（店）体验都考虑结合美学营销、娱乐营销、生活方式体验营销、氛围营销、文化营销等。如蓝月亮“O2O + 直销”模式的“月亮小屋”体验营销，就是“产品 + 体验 + 服务”的大胆探索。还有自然堂的“茶马古道面膜空间”场景式营销。在“茶马古道面膜空间”中，消费者可以亲身体验茶马古道面膜的补水滋养功效，还可以品尝专业茶道师现场精心烹制的手工茶，偷会儿小懒，沉浸地享受这一茶时光。与此同时，自然堂与乐乐茶店铺为这次活动量身定制主题店，乐乐茶店铺精心布置了相应的茶垫、包装及场景，将茶马古道面膜形象与面膜故事、乐茶君故事有机结合。这是自然堂洞察消费者、宠粉玩转年轻一代的开拓性跨界体验营销。

14 差异化营销

差异化营销与定位营销是“孪生兄弟”，相辅相成，目的是在消费者心中形成差异。占领消费者的心智，也就占领了市场。

任何行业都需要差异化营销，品牌的核心就是差异化。差异化营销所追求的“差异”是产品的“不完全替代性”，主要有产品差异化、服务差异化、形象差异化三个策略。

差异化营销成就宝洁

差异化营销已经成为现在营销策略的最常用手段，也成为市场营销和营销传播中最为有效的方法和路径。任何行业都需要差异化营销，品牌的核心就是差异化。

提起差异化营销，成功的案例可以说多如牛毛，但是我们最熟悉的就是宝洁公司。差异化营销成就宝洁多元化战略，成就宝洁的世界霸主地位。

宝洁公司差异化营销贯彻其洗发护发、个人护理、日用洗涤、彩妆等各个品类，我们以洗发水品类为例，其各个品牌定位差异为：飘柔（柔顺）、潘婷（修护）、海飞丝（去屑）、沙宣（护发）……这些品牌追求同类产品不同品牌之间的差异，包括功能、包装、宣传等诸方面，从而形成每个品牌的鲜明个性。这样，每个品牌都有自己的发展空间。宝洁通过品牌定位、差异化营销，把洗发水各个品类都占据了，同时实现了自身品牌之间的竞争。

差异化营销，是指面对已经细分的市场，企业选择两个或者两个以上的子市场作为市场目标，分别对每个子市场提供针对性的产品和服务以及相应的销售措施。企业根据子市场的特点，分别制定产品策略、价格策略、渠道策略以及促销策略并予以实施。

差异化并不是目的，而是手段，差异化营销的最终目的是在消费者心中形成差异，占领了消费者的心智，也就占领了市场。宝洁洗发水，一个“功能需求”细分品类对应一个品牌，就是在抢占消费者的心智，再动用一切能调动的资源走入消费者的心智中。

企业采用差异化营销策略的优点，就是可以使消费者的不同需求得到满足，也使每个子市场的销售潜力得到最大限度的挖掘，从而有利于提升企业的市场占有率。同时，也大大降低了企业的经营风险，一个子市场（品牌）的失败，不会导致整个企业陷入困境；而差异化营销最大的缺点（局限性）就是营销成本过高。所以，对于如宝洁公司这样拥有雄厚财力、强大技术、高质量产品的企业而言，差异化营销是其良好的选择。

差异化营销的策略

对于差异化战略，迈克尔·波特是这样描述的：当一家公司能够向消费者提供一些独特的、其他竞争对手无法替代的商品，对消费者来说其获得价值不仅仅是这些商品的价值时，这家公司就把自己与竞争厂商区别开来了。所以，差异化营销所追求的“差异”是产品的“不完全替代性”，主要有产品差异化、服务差异化、形象差异化三种策略。

1. 产品差异化策略

产品差异化是指产品的特征、工作性能、一致性、耐用性、可靠性、易修理性、式样和设计等方面的差异。也就是说，某一企业生产的产品，在质量、性能上明显优于其他企业的同类产品，从而形成独自的市场竞争优势。

企业实施产品差异化策略主要从两个方面着手：一是产品特征差异化，这是实现产品差异化极具竞争力的工具之一，如产品卖点差异化；二是产品式样差异化，就是指产品给予购买者的视觉效果和感受与众不同，或给人新奇的感觉，如包装设计差异化。

2. 服务差异化策略

在日益激烈的市场竞争中，服务已成为全部经营活动的出发点和归宿。服务差异化就是指企业向目标市场提供与竞争者不同的优异服务，主要包括个性化服务、分类化服务、层次化服务等。市场竞争中，尤其是当难以突出有形产品的差别时，竞争成功的关键常常取决于服务的数量与质量。

区别服务水平的主要因素有商品配送、安装调试、用户培训、咨询、维修等。而售前、售后服务的差异与质量，就成了对手之间的竞争利器。特别是3C（家电、IT、通信）行业，为了打好“服务”牌，用创新服务驱动差异化发展。

3. 形象差异化策略

形象差异化是指通过塑造与竞争对手不同的产品、企业和品牌形象来取得竞争优势。形象就是公众对产品和企业的看法和感受。形象差异化策略的内容，主要有产品名称的差异化策略、CI（组织识别）策略。塑造形象的工具有名称、颜色、标识、标语、环境、活动等。

产品名称或品牌也可能成为企业最重要的竞争优势，如果能经受市场的检验，名称本身也能成为竞争优势。许多世界品牌具有代表某一行业或某一类别的竞争优势，如：宝马、奔驰在消费者心目中是豪华、优质汽车的代表，苹果是高端手机的代表，茅台是高端白酒的代表，等等。

企业 CI 策略是企业参与国际竞争的一种差别化策略，体现在企业识别系统的各个方面：一是视觉识别（VI），如企业标志；二是理念识别（MI），即企业精神；三是行为识别（BI），即经营管理行为。

差异化营销的核心思想

无论是线上还是线下，不管是新产品还是老产品，当下的市场已是高度同质化，甚至处于白热化的竞争状态中。如何用差异化营销摆脱同质化竞争，成为许多企业营销的痛点。

差异化营销的核心思想是细分市场，针对目标消费群体进行定位，导入品牌，树立形象。差异化营销是在市场细分的基础上，针对目标市场的个性化需求，通过品牌定位与传播，赋予品牌独特的价值，树立鲜明的形象，建立品牌的差异化和个性化核心竞争优势。

一、选择细分市场

基于消费者需求的差异性、消费者需求的相似性、企业有限的资源三大事实，企业需要选择自己的细分市场。

市场细分是选择目标市场的基础工作，针对目标消费群体进行定位，导入品牌，树立形象。这一核心思想要求企业在市场细分的大环境下，针对目标消费者的个性化需求，通过对产品进行品牌定位和传播，从而打造属于自己品牌独特的价值，获得品牌的差异化和个性化核心竞争优势。

差异化营销不是某个营销层面、某种营销手段的创新，而是产品、概念、价值、形象、推广手段、促销方法等多方位、系统性的营销创新，并在创新的基础上实现品牌在细分市场上的目标聚焦，取得战略性的领先优势。

聚焦细分市场，就意味着你选择做“小池塘里的大鱼”，而不做“大海里的小鱼”。当年索芙特在洗发水这个“大海”里，面对宝洁、联合利华等国际巨头的联合“围剿”，如果选择与它们一样的目标市场，肯定会碰得头破血流。于是，索芙特选择了“防脱发”细分市场，做“小池塘里的大鱼”，最终赚得盆满钵满，引得宝洁等无数企业进军“防脱发”这个细分品类。

二、寻找空白市场

差异化营销的关键是积极寻找适合自己的市场空白点，挖掘消费者尚未满足的个性化需求，开发产品的新功能，从而赋予品牌新的价值。

找到大概念中的细分领域，就是空白点。空白市场，就是还没有人或很少人发现的市场。找到市场空白点，就能暂时抓住商机，避开强大的竞争对手，筹造蓝海市场，获得丰厚的利润。

同一时间，当某种产品出现过剩、产品同质化时，市场产品超饱和，价格大跌，市场竞争必然激烈乃至无序。一家中小企业，面对有实力的大企业，就要寻找空白市场，采取避强定位策略，这是中小企业力图避免与实力强的企业直接竞争的最好选择。

三、营销传播差异化

每一种产品总要给消费者购买的理由（利益或价值），我们需要把这种理由传达给消费者，这就是营销传播。

差异化营销所追求的“差异”是指产品的“独有性”，因此，营销传播差异化就是要在消费者心目中树立不一样的形象。品牌广告传播差异化策略可以有三种：

（1）功能差异策略。瑞夫斯的USP理论（要求向消费者说一个“独特的销售主张”，又称“创意理论”）能很好地说明这点，每一种产品都需要通过不同的定位、功效、概念来形成独特的销售主张，进而给消费者购买的理由（利益或价值）。

（2）价格差异策略。这种策略强调购买和使用品牌所带来的经济上的节省。低价、优惠让利等都会使消费者减少购物花费，最为消费者关注的还是价格。

（3）文化差异策略。文化是品牌重要的基因，在营销中具有很强的推动作用。如果品牌文化所主张的观念、价值精神、追求等，能够获得消费者的认同或能够使消费者产生共鸣，实施品牌文化差异策略就会成功。

通过分析差异化营销的核心思想，我们可以知道企业差异化营销的核心是细分市场、空白市场、传播差异化，而入手的途径主要有品牌定位差异化、品类差异化、渠道差异化、概念差异化、价格定位差异化、品牌广告语差异化、附加值差异化……

美妆行业差异化营销扫描

在中国美妆行业，利用差异化营销进行营销破局的企业比比皆是。洗发护发品类，如滋源、霸王、索芙特、阿道夫、植观、KONO、三谷等；洗涤用品类，如纳爱斯、立白、蓝月亮、威露士等；护肤品类，如佰草集、珀莱雅、自然堂、百雀羚等；彩妆品类，如卡姿兰、兰瑟、玛丽黛佳等。

差异化营销让你的产品与众不同。我们都知道，差异化营销主要有产品差异化、服务差异化、形象差异化三种策略。美妆行业的差异化营销可谓百花齐放。

案例 1：珀莱雅——定位精准，成功破局

珀莱雅从事化妆品行业几十年，是一家业绩优异的公司。其成功的背后，就是差异化营销的成功。补水是化妆品市场细分领域的第一大市场，但补水概念的化妆品在当时的市场环境下已有不少，很容易掉入同质化竞争的陷阱。在知名营销策划专家叶茂中的操刀下，珀莱雅找准了“深层补水专家”的差异化营销定位，在“补水、活水、锁水”上下大力气。

珀莱雅在市场调查分析的过程中发现，补水是化妆品的基本功能之一，每个品牌都有补水的产品，但没有一家在补水上进行深挖，补水品类没有领导性品牌，这是一个差异化的市场空隙，抓住这个机会通过差异化营销定位可以有效占领消费者的心智。同时，深度挖掘发现海洋深层水，海洋深层 320 米处没有阳光，被 13℃低温环绕的领域，没有污染、没有辐射，

这样就可以以海洋水为切入点，这既有深度又没有竞争，于是找到了独特资源的差异化营销定位点：“海洋深层补水专家”。

在补水上，珀莱雅在消费者心理上建立了定位区隔，首先以320米海洋水作为利益支撑，不仅补水，更是深层补水，并且是“海洋深层补水专家”。补水的同时还能活水，更能带来深层次的水动力，即能激发起皮肤自身的水循环。由于海洋水里含有对人的皮肤及身体有利的矿物质，因此可以帮助皮肤锁水。这样，“海洋深层补水专家”“补水、活水、锁水”的差异化营销的独特销售主张就成型了。

在差异化营销策略下，珀莱雅销售业绩一路高歌猛进。随着市场的变化，竞争不断升级，珀莱雅差异化营销的定位也不断升级，在补水的概念上又聚焦到“海洋深海护肤”的差异化概念，从海洋补水单品进行突破，现有珀莱雅的大单品策略基本上先从补水开始，补水定位的爆品一炮而红后再延展到面膜等其他品类上。

除了在差异化营销上下功夫外，珀莱雅同步在技术上寻求深度突破。公司自身建立珀莱雅护肤研究中心，还和法国国家海藻研究机构、中国国家深海基地管理中心、蛟龙号深海科研等展开合作，加大科研方面的投入，深度研究海洋护肤的技术及原料，保持原创，让“海洋深海护肤”不断回馈消费者。

接下来，我们讲两个差异化营销失败的案例。

案例2：贝优婷——定位模糊，昙花一现

贝优婷，2001年诞生的化妆品品牌，产品刚上市时以彩妆为主，渠道建设也很迅速，在重要的省份取得了不错的成绩，在业内被称为“行业旋风”，是一帮“鬼才”干的事。

当时中国的彩妆市场虽然容量小，但是竞争弱、机会多。如果企业专注、坚持做彩妆，就一定能够成功崛起。但是，品牌的决策者不坚定，认为护肤市场大。于是，很快又推出系列护肤品，最终又卖彩妆又卖护肤品，营销定位模糊，很快把团队及渠道的优势消耗殆尽。

同期诞生的彩妆品牌卡姿兰，虽然起点没有贝优婷高，但其专注彩妆几十年，时至今日已成为中国名副其实的彩妆第一品牌。

2003年，和营销策划专家叶茂中碰面谋划贝优婷方案时，决策者当时强调贝优婷准备花多少钱来塑造这个品牌的营销差异点区隔，今天反思过来重点是没有找准差异化营销的定位，耽误了品牌的发展。

案例3：索芙特——迷失自我，最终陨落

索芙特的差异化营销，最显著的特征就是功能性化妆品集团作战，索芙特以前应该是中国日化行业拥有最多“特征”的企业。30多年来，索芙特凭借差异化的营销理念在中国日化行业创造了无数的销售奇迹，凭一己之力开瘦身、美白、防脱等品类之先河，雄霸“中国功能性化妆品第一品牌”。

索芙特，中国功能性化妆品界的扛把子，基本涉足育发类、烫发类、脱毛类、健美类、除臭类、祛斑类、美白类、防晒类等特殊用途化妆品，这也奠定了其“中国功能性化妆品第一品牌”的地位。

健美类：海藻减肥皂，远销热销日本，是索芙特创业初期的赚钱利器，为梁国坚赚得第一桶金。后来的OB减肥系列、木瓜减肥系列继续创造差异化营销奇迹。

育发类：防脱育发香波、防脱滋养液，是索芙特历史上的金牛产品、明星产品，让投资人赚得盆满钵满。

祛斑类：木瓜祛斑系列，肌因焕肤祛斑套、凝时水光祛斑套、原力修护祛斑套……这些差异化功效型护肤产品，在淡斑祛斑领域颇有建树。

美白类：木瓜美白系列，成为索芙特护肤品标志性产品，也成为索芙特护肤品销售黄金类产品之一。

防晒类：水白金防晒系列，为索芙特护肤品夏季销售填补了空白，“水白金”副品牌策划设计，成为市场上一些竞品的模仿对象。

通过功能性化妆品集团作战，索芙特从一个寂寂无闻的品牌迅速成长为行业翘楚，继而成为中国驰名商标。董事长梁国坚认为：索芙特的成功，就是差异化营销的成功，是产品差异化、价格差异化、渠道差异化、营销手段差异化的合力结果。

有人认为，索芙特成也差异化，败也差异化。功效型化妆品，杀敌一千，自伤八百。索芙特迷恋、迷失在差异化营销，最终陷入缺乏技术含量和概念壁垒的差异化陷阱中。当市场环境与竞争环境发生变化时，面对激烈的竞争，传统的差异化无法化解竞争，缺乏技术创新的差异化拿什么与强大的对手抗衡？营销自然陷入困局，无法破局。

另外，索芙特在差异化营销中迷失了方向，盲目跨界：2016 年索芙特变更为“天夏智慧”，剥离日化，转型智慧城市领域；2021 年 4 月，前身为索芙特的天夏智慧（000662）被正式摘牌。曾经风光无比的差异化营销“功能一代”索芙特陨落，实在是太可惜了！

化妆品产业虽然说属于密集型高科技产业，涉及物理化学、表面化学、胶体化学、有机化学、香料化学等，还与医学、生物科学、环境学、心理学、美学、美容学等有关，但是能够赋能行业发展、企业发展、品牌发展的核心是科技与创新，而概念的差异化营销只是其中一部分。

企业的科技创新包括：新原料、新包材、新设备，新技术、新工艺、新产品，新营销、新模式、新业态，等等。它贯穿于美妆的全产业链，主要体现在上游供应链（如原料、包材、设备）、中游品牌制造（如技术研发、生产制造、营销传播）上。而最能够体现化妆品“黑科技”的，一个是原料（高科技的成分），一个是配方（五大性质：安全性、稳定性、配伍性、高效性、实用和可操作性）。

因此，持续成功的差异化营销，一定是依托科技与创新的，而且是科技与创新第一，差异化营销第二。

15

会议营销

中国会议营销，崛起于保健品。如今，会议包括的概念比较宽泛，诸如展览会、论坛、沙龙、研讨会、高峰会、招商会、企业年会等都属于会议，会议营销已经成为各行各业进行营销破局的常规武艺。

如今，展览经济、会务经济已经成为会议营销最佳的两大硕果。进入互联网时代，线上线下融合发展的会议营销已经风生水起。

崛起于保健品的会议营销

提起会议营销，大家可能立马会联想到保健品。的确，中国的会议营销就是崛起于保健品。保险、培训、化妆品行业等也是会议营销的主力军。

从 1987 年中国第一个保健品蜂王浆面市到今天，保健品行业已经走过了 30 多个年头。相信以下品牌，许多人应该还有印象，如 505 神功元气袋、哈慈五行针、红桃 K、中华鳖精、太太口服液、太阳神、三株口服液、天年生物、中脉科技、珍奥核酸、夕阳美等。会议营销自 2001 年后就成为保健品行业的主战场，为保健品销售立下了汗马功劳。从此，保健品传统的广告轰炸模式，被更有针对性、隐蔽性、有效性的会议营销所取代。

会议营销，就是从收集、分析、整理后建立的消费者资料数据库，筛选出某一特定目标消费群，运用组织会议的形式，并结合相应的促销手段所进行的有针对性的一种营销方式或模式。

保健品会议营销利用中老年消费者的心理弱点，采用“专家顾问传播”“科普（体验式）服务”的营销模式，迅速将目标消费群“拿下”，进行快速交易，许多保健品企业都赚到合不拢嘴。

当然，任何事物都有两面性。近几年，保健品会议营销由于涉嫌欺诈中老年群体，扰乱市场秩序，会议营销又成了不可触碰的“灰色警告区域”，狂热、浮躁、畸形的保健品会议营销进入了冷静期。

有机构指出，2020—2030 年，中国保健品（大健康）行业预计将进入又一个黄金十年。涅槃新生后的保健品会议营销会不会再一次闪耀光芒？让我们拭目以待！

随着时代的发展，会议营销已经在各种行业应用了，如今会议包括的概念比较宽泛，如论坛、研讨会、高峰会、展览会、招商会等都属于会议。特别是如今迅猛发展的会务经济、展览经济，把会议营销带到了一个新的时代。

曾经作为“香饽饽”的会议营销，如果秉承“诚信经营、阳光运行”的发展模式，不断创新与突破，我们相信其一定会再一次大行其道。

会议营销的三大特点

1．针对性强

在实施会议营销前，企业已经基本掌握了目标消费者的一些基本资料、消费心理、购买行为等，这样就可以有针对性地对目标消费群开展推广与促销活动，如此聚焦，传播、体验、促销等就能够有效地提前策划设计，能够更好地满足消费者的需求。同时，能够很好地控制营销费用，会议后的营销服务工作也会相对轻松。

2. 有效性强

会议营销因为针对性强，所以产品推广效率更高、成交有效性较高。这样，就避免了传统广告如电视广告、平面广告所存在的广泛性与不确定性的缺点。从营销效果来看，有效营销就是投资回报率高、能稳定获利的营销模式。

3. 隐蔽性强

会议营销只是企业（品牌）针对目标消费群开展推广与促销活动，比传统广告如电视广告、平面广告营销更具隐蔽性，不易被竞争对手发现与效仿，容易达到企业的预期目标。同时，在进行传播、体验、促销等过程中，可以利用亲情服务、以专家顾问的身份对意向顾客进行关怀和隐藏式销售。

另外，由于是企业与目标消费群之间面对面的有效沟通，拉近了双方之间的距离，增强了目标消费者对产品的忠诚度。

会议营销困扰多

以往会议营销过分夸大产品功效和不规范的操作行为，直接伤害了市场的消费基础，导致如今会议营销困扰多，主要表现在三大方面：

1. 消费者资料收集难，会议规模难控制，效果难预测

实施会议营销的企业太多了，消费者参加了太多的会议，

已经熟悉了会议营销的“套路”，对于企业提供的免费体验、检测照做，但留下的电话与地址全是假的，导致对消费者资料的收集相当困难。

许多消费者当面不好意思拒绝会议邀约，但到参加会议时就会找各种借口不参加，使得会议规模难以控制，导致有时会议会冷场。

各个企业都在争夺消费者，礼品成为吸引消费者参加会议的重要砝码。许多消费者都是奔着礼品来的，他们都在盘算：你开会，他开会，看谁礼品更实惠；会可开，礼可拿，要想“开单”咱不干。最终，往往出现参加的人很多，出单率却很低，企业投入产出不成正比的尴尬局面。

2. 假冒伪劣产品充斥市场，夸大宣传产品功效，失去信任

一些企业通过会议营销打游击战、赚快钱，在会议营销前期往往打“亲情”“温情”牌，夸大宣传产品功效、放大承诺服务，或者许诺分红、免费旅游等，以此来吸引消费者参会与购买产品。

但是在会议营销中期，假冒伪劣产品充斥市场，有些产品的功能是浮夸的，冒牌专家与可操纵仪器诊断相配合、虚假消费者体验感受，让消费者深受欺骗之苦，最终使消费者对产品失去信任，对企业失去信任。这无异于杀鸡取卵。

另外，由于产品同质化严重，厂家之间相互攻击诋毁，让消费者感到迷茫、无从选择。于是，鱼目混珠、泥沙俱下的会议营销成为过街老鼠，人人喊打。

3. 准入门槛低，营销人员素质参差不齐，急功近利之心太强

新闻报道：保健品销售准入门槛很低，销售人员素质参差不齐，甚至有黑恶势力混迹其中；销售产品基本靠套路忽悠，满嘴术语、偷换概念，销售人员对自家产品也是一知半解，存在混淆保健品与处方药品、日常保养与正规治疗概念的问题，还存在虚假宣传产品功效、夸大保健作用、高价推销产品的情况；部分老年人缺乏辨别能力，往往掉入诈骗陷阱，甚至不遵医嘱，耽误治疗。

在会议营销队伍里，营销人员素质参差不齐，急功近利之心太强，频繁的电话"邀约"与"家访"搅乱了消费者宁静的生活，把消费者闹得身心疲惫，让消费者感到厌烦。

所以，加强保健品会议营销管控，完善相关法律法规，加大巡查力度，规范营销会议和健康讲座，严格实行保健食品经营许可准入制度，严厉打击违法会议营销行为，成为各级相关监管部门的核心工作。

会议营销做好三阶段

一般而言，会议营销成功与否，需要做好三个阶段的工

作：会议前营销、会议中营销、会议后营销。

1. 会议前营销

关键词：建立消费者资料数据库，通知目标消费群。

这个阶段的工作量比较大，也很关键，主要工作有：建立消费者资料数据库，邀请目标消费群参会；做好会议营销总体方案，精心设计会议流程，明确会议主题与目标；准备会议物料、礼品策划设计；会议场地选择、后勤联系；人员培训；等等。

2. 会议中营销

关键词：通过传播、体验、促销等组合拳，尽最大努力激发目标消费群的购买欲望。

这个阶段的工作是激发目标消费群购买欲望的关键，主要工作有：做好会议营销场地布置，会议主持人精心选择与主持稿撰写，选择演讲嘉宾，准备体验仪器设备，互动细节设计，消费者与会确认，消费者接待，消费者餐饮准备，及时解决参会者的问题，礼品发放，会后欢送与感谢，等等。

3. 会议后营销

关键词：筛选与会者，对有效消费者做好会议后的营销服务工作。

这个阶段跟进工作要及时，最好在会后一周之内进行回访。会议结束并不等于营销工作结束，反而可以看作是营销工作的一个新的开始。会后对目标消费者的跟进工作，主要包括对已成交客户的合约履行和对未成交客户的原因查询，在服务好已成交客户的同时采取措施说服未成交客户。

美妆行业会议营销扫描

一、第一大类：美博会

在中国美妆行业，美博会是一个非常著名的展会，这里名品荟萃、精英云集。美博会是业内人士实现一站式营销传播、采购的平台，是业内人士开展兼具学术性及商业性精彩活动及举办高端论坛的平台。如今，美博会已经成为中国美妆行业的风向标。

中国最初的美博会主要是广州美博会，然后是上海美博会。如今，美博会已经在全国好多城市举行，北京、郑州、武汉、义乌、哈尔滨、济南、青岛、重庆、成都、太原、新疆、昆明等城市都会举办美博会。当然，这些城市的美博会，都是复制广州美博会这个“摇篮”的形式与内容。目前，广州、上海是中国美博会的典型代表，也是最具规模、最具实力的展会。

展会展品包括日化整个产业链：有洗发护发、日用洗涤、护肤、彩妆等品类品牌产品，以及日化原/辅材料、容器包装材料、仪器与生产设备、商品展示陈列用品等供应商商品。

1. 中国国际美博会（CIBE）

中国国际美博会，原名为广州国际美博会，是美妆行业领军人马娅于1989年创办的，到2021年已经举办了32年。最初广州作为“大本营”（每年3月、9月），如今已拓展至上海、北京、深圳等地，成为全球最大的美博会。

中国国际美博会是展览面积最大，展品品类最多、最齐全，参观人数最多的展会。所以，业内人士在这个平台基本可以实现一站式采购计划。此外，展会期间举行系列兼具学术性及商业性的精彩活动及高端论坛，涵盖微商、零售、面膜、大医美、纹绣、养发、美甲等多个主题，特邀专家学者、行业精英和与会业内人士共同分享最新科技、市场信息、潮流资讯，帮助业界寻找商机及掌握市场动态。

2. 中国美容博览会（CBE）

中国美容博览会，是由上海百文会展主办的，目前博览会主席为桑敬民，到2021年已经举办了26届。CBE是中国美博会第二大展会，展览商品、会议论坛内容与中国国际美博会类似，但CBE以“护肤、彩妆”品类为核心。

二、第二大类：美妆大会

在中国美妆行业，除了美博会这个著名的展会外，还有许许多多的大会、高峰论坛、分享沙龙（思享会）及供应链大会等。其中，行业影响力最强的当属中国化妆品大会、中国化妆品工商首脑会议暨化妆品报年会。

1．中国化妆品大会

中国化妆品大会创办于2008年，创始人是品观传媒董事长邓敏，是中国最高规格、最具权威及影响力的国际性行业会议，被誉为中国化妆品行业的“达沃斯论坛”。截至2021年，中国化妆品大会已经在全国连续举办了14届。

大会围绕“趋势、交流、合作”的理念，是为企业家探索产业发展趋势、提升企业营销管理水平、达成高质量商业合作而搭建的高端交流平台；是化妆品产业链上的主流企业领军者风云际会的年度盛会。大会致力于打破行业壁垒，提升品牌价值，促进品牌产业链整合，推进化妆品产业升级和全球化进程。

在美妆领域，由品观App和《化妆品观察》共同打造的中国化妆品大会，可能是最具商业洞见能力的平台。举办至今，已成功邀请了至少500位来自中国商业、经济乃至文化领域的一线大咖分享思想和见解，如钟睒睒、沈南鹏、江南春、卫哲、雕爷、罗振宇、侯军呈、方玉友等。

每年的中国化妆品大会，都会策划设计一个主题、一个主论坛和N个分论坛。其间，举行“中国化妆品蓝玫奖”颁奖盛典。

从第三届中国化妆品大会开始，“中国化妆品蓝玫奖”便成为常设奖项，旨在对行业中具有战略远见的领导型企业做标杆定位，拉升产业品牌整体格局，并对行业中具有创新能力的“鲨鱼苗”企业做典范推介，提升产业整体创新能力。蓝玫奖的奖项主要涉及科技创新、创意设计、功勋企业家、金牌经理人、年度风云品牌、中国好产品等。

2021 年中国化妆品大会首次举办“美妆新国货成长计划”主题展览。同时，由 800 余位美妆领域精英人士组成的“老友记”高端社交晚宴也隆重揭幕。这样，中国化妆品大会创新成为“大会 + 展览 + 社交”三合一盛会。

2. 中国化妆品工商首脑会议暨化妆品报年会

中国化妆品工商首脑会议暨化妆品报年会从 2011 年开始，连续 10 年在武汉东湖宾馆召开。同样是每年都策划设计一个主题，分为“唯美讲堂”与“唯美之夜”两大板块，主要内容有：主题报告、主题演讲、论坛对话、榜单颁奖、冬至夜宴（每年在冬至期间召开）。

会议主要邀请行业会长、日化企业家及各领域精英人才相聚“英雄之城”武汉。其间，他们激辩热点，纵横捭阖；东湖边，见证榜样，激励先进；唯美之夜，冬至夜宴，对酒当歌。个人认为，其间的主题报告、主题演讲、论坛对话，包装塑造得比“同城对手”中国化妆品大会的“大咖分享思想和见解”更具文化感，散发出来的文化气息更强烈一些。

在榜单颁奖环节，主要有中国化妆品唯美工程师奖、中国化妆品百强连锁店榜单、中国化妆品唯美公益奖等，其主旨与中国化妆品大会的榜单颁奖异曲同工。

变，创新——2021 年，中国化妆品工商首脑会议暨化妆品报年会突然来了个翻天覆地的改变，变身为全球化妆品武汉交易博览会暨化妆品报年会。

《化妆品报》宣称：全国乃至全球化妆品及供应链的新产品、新技术、新成果将惊艳亮相这个化妆品交易展示平台。如此，其又紧跟中国化妆品大会“大会 + 展览 + 社交”三合一会议营销模式的步伐。

另外，中国美妆行业还有许多专业媒体或机构开展的会议，主要有：广州美博会主办的中国化妆品绿色供应链大会，中国美妆网主办的中国美妆供应链展（iPDM）、中国化妆品国际高峰论坛，360 美妆传媒与《洗涤化妆品周报》主办的中国化妆品经济论坛暨中国第一微商大会，上海商图主办的中国国际化妆品技术峰会，《青眼》主办的中国化妆品趋势大会，等等。

以上这些会议，都是依托消费者资料数据库，通过增值服务来营销“展位与服务”的模式，实现各自的展览经济、会务经济。

三、第三大类：企业商会

在中国美妆行业，除了展览经济、会务经济外，还有一个最广泛、最平常的企业商会经济，如招商会、年会等。当然，还有一个火爆了几年的化妆品微商招商会。

中国化妆品行业有几千家生产制造企业，对于规模以上企业，每年的企业年会及新项目、新产品招商会，就是企业商会经济的主要来源。

对于新品牌、新项目、新产品以及在企业拓展新市场的规划中，“一对多”的会议营销（含展览展示）成交的低成本、高效率模式，往往是化妆品企业最理想的战略选择。

无论是大品牌还是中小企业，其实会议营销的本质是不变的——消除客户异议，取得客户信任，让客户认可接受你的品牌、产品、项目，最终获得合理的收益。会议营销的策划、设计、布局、执行我们就不展开论述了。

相信从事企业会议营销招商活动的人都知道，招商会举办得成功与否取决于给予客户好处的多少。当然，你的产品或服务是独一无二的除外。所以，营销政策的支持力度大小成为招商会举办成功与否的试金石，各种附加激励成为助力招商会举办成功的利器，如化妆品行业最热衷的客户旅游活动。私下朋友间曾笑谈：现在的化妆品客户估计要到月球、太空游玩才有吸引力了。因为最初几年在国内旅游就兴高采烈的，后来就新马泰旅游火爆，再后来发展为欧美旅游……世界都游遍后，客户对企业招商会也失去了兴趣，慢慢地，化妆品招商会成本越来越高，效果越来越不好。

以往，整个中国化妆品产业似乎得了一种“不开会就会死”的不治之症。有人戏言，大部分的渠道商不是在开会，就是在赶去开会的路上。在这个行业，最先宣布不开订货会的是伽蓝集团的自然堂品牌（2011 年），以此减弱对渠道的依赖。事实上，围绕“利润”与“利益”两个环节，品牌制造商一直与渠道商（分销商）博弈。如今，招商不灵了，企业招商心酸了！就化妆品招商而言，“招商找死，不招商等死”已成为如今行业的真实写照。

企业年会召开的主要目的是答谢与表彰客户、供应商及其他合作伙伴，当然，最核心的目标是总结过去，发布新产品、新战略，以此增强客户的信心，赢得供应商的支持与配合。每年年底，化妆品企业年会扎堆，一些大客户分身无术。

如今，大规模、大手笔的化妆品企业年会越来越少了。特别是 2020 年新冠疫情暴发，更是让年会雪上加霜。当然，网上召开新产品发布会、招商会（云会议）已经不是新鲜的事情，已经有一些品牌获得了成功。

有人说，招商会、年会已经成为鸡肋，真正是食之无味，弃之可惜！因此，如何打造品质招商会、年会，成为化妆品企业负责人与市场策划、营销团队共同研究的重要课题。

16 文化营销

文化影响人的世界观、价值观、人生观。“人的三观”对营销交易成功率有着非常大的影响力。

文化营销，是营销破局的软武艺，就是企业的营销活动给予产品、企业、品牌丰富的、富有个性化的文化内涵。文化营销的本质，就是营销文化。文化营销的核心是实现顾客价值，顾客价值是文化营销的起点。产品，借文化贴近生活激发共鸣；品牌，借文化契合社会引领消费，用品牌文化衔接企业与社会。

文化营销的本质

文化营销的本质，就是营销文化。

文化营销，是一个组合概念，就是利用文化力进行营销，是指企业营销人员及相关人员在企业核心价值观念的影响下，所形成的营销理念以及所塑造的营销形象在具体的市场运作过程中所形成的一种营销模式（见图 15）。

文化营销强调企业的理念、宗旨、目标、价值观、职员行为规范、经营管理制度、企业环境、组织力量、品牌个性等文化元素，核心是理解人、尊重人、以人为本，调动人的积极性与创造性，关注人的社会性。

在文化营销观念下，企业的营销活动一般奉行一个原则：给予产品、企业、品牌丰富的、富有个性化的文化内涵。

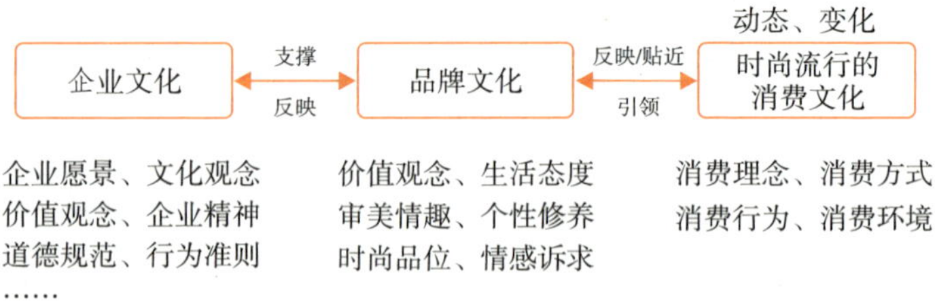

图 15　文化营销的过程

文化营销包括三层含义：一是企业需借助或适应不同特色的环境文化，开展营销活动；二是文化因素需渗透到市场营销组合中，综合运用文化因素，制定出有文化特色的市场营销组合；三是企业借助商品，将自身的企业文化推销给广大消费者，使企业能够更好地被广大消费者所接受。如可口可乐就是在全世界贩卖（营销）美国文化的灵魂品牌代表之一。

文化营销的内容

如今，文化营销是企业在市场竞争中取胜的利器。新经济下，企业文化营销活动的重要性日益凸显，越来越需要通过文化营销“软实力”来征战市场。那么，文化营销的内容有哪些呢？通过梳理发现，企业实施文化营销表现为三个层次：

1. 产品文化营销

产品文化是指以企业生产的产品为载体，反映企业物质及精神追求的各种文化要素的总和，是产品价值、使用价值和文化附加值的统一，又是一类消费群体在某段时期内对某种产品所蕴含特有个性的定位。

产品文化主要包括三层内容：一是指人们对产品的理解和产品的整体形象，二是指与产品文化直接相关的产品质量与质量意识，三是指产品设计中的文化因素。

从文化营销角度看，产品仅是价值观的实体化。产品文化营销包括产品的设计、生产、使用等各个方面。特别是产品文化包装，是产品能够体现其核心价值观、唤起消费者认同与选购的关键；是产品文化营销的表现，可以用来吸引消费者，增强和提升消费者的认同感与满意度。

2. 品牌文化营销

品牌文化营销是产品文化营销的延伸和拓展，包括整个社会对品牌的信任与保护。名牌效应与企业创立名牌产品、生产名牌产品的行为等有着密切的关系。

品牌文化营销是利用文化进行品牌设计与产品生产，利用文化提升品牌的竞争力。

品牌文化营销的主要功能：是增强品牌溢价能力的有效途径，能有效增强品牌的竞争力，能提升消费者对品牌的忠诚度。

随着故宫文创的火热，传统文化再次在我们的生活中流行起来，品牌也借势玩起了传统文化营销。近几年，在美妆行业，以口红为代表的护肤品呈现了一堆故宫文创案例，如故宫口红及故宫淘宝彩妆。

3. 企业文化营销

企业文化一般具有五大功能：目标导向功能、凝聚功能、融合功能、约束功能、激励功能。随着经济环境的变化，企业文化的功能也在不断地延伸，一种新的功能逐渐显现出来，越来越突出，这就是企业文化的营销功能。

企业文化营销的核心，在于寻求消费者接受的价值信条为立业之本，从而促进消费者对整个企业包括其产品或服务的认同。

企业文化的营销功能，是通过组成企业文化的几大核心要素体现出来的，主要有企业价值观念、企业精神、企业的视觉形象、企业的质量文化、企业的服务文化、企业的信誉度与美誉度等。

企业如何开展文化营销?

文化营销，实际上就是一个文化价值传递的过程。文化营销的核心，就是实现顾客价值。因此，企业在开展文化营销时，一定要按照一些规则去执行。

1. 进行准确的文化定位

依据内外因素，进行准确的文化定位是企业开展文化营销的根本。文化定位包括产品文化、品牌文化、企业文化。如华为企业文化非常崇尚“狼”，认为狼是企业学习的榜样，要向狼学习“狼性”。

2. 设计企业的核心价值

文化价值、顾客价值都是文化营销的“灵魂”，因此打造品牌核心价值、彰显企业文化底蕴，就是开展文化营销的重中之重。提炼核心价值，要研究自身的品牌资产、品牌与消费者的关系和品牌之间的竞争关系。

品牌借文化契合社会引领消费的典范当属苹果，“果粉”

买的不仅仅是手机，更是苹果品牌文化带给他们的一种超越手机价值的消费者体验。苹果手机集合了苹果品牌时尚、蕴含诸多富有创造性审美元素的文化符号。

3. 创造文化产品激发共鸣

产品是文化营销的载体，因此创造文化产品、激发消费者共鸣，是实现文化营销的基础。文化产品是根据文化环境的不同，进行有差异的设计，使之符合消费者的消费个性和消费价值，从而成为以物质消费为依托、以文化消费为目的的产品。

产品借文化贴近生活，激发消费者共鸣，激发消费者对特定情境的认可或者记忆，从而获得消费者对于企业品牌与核心产品的深度认同与持续消费。

4. 宣传文化营销理念

文化营销实质上是企业与外部环境中的消费者或社会公众富有说服性的沟通过程。因此，企业要利用网络传播、传统广告、公共关系、营业推广或人员推销等手段去宣传文化营销理念。

德鲁克说过，创造顾客是企业存在的唯一理由，而创造顾客的重要基础则是在顾客与企业之间形成价值认同。无论是与顾客的持续互动，还是通过创新不断地适应社会文化（流行文化、消费文化）的动态发展，终极目的都是获得顾客持久的价值认同。

文化营销，是以品牌文化为契合点，从价值观和消费理念的层面上寻找更好地贴近消费者并贡献价值的方式。消费者价值，是文化营销的起点；文化营销最根本的目标，是理解消费者。通过贴近消费者的生活寻找企业与消费者的共鸣，并获得其价值认同，从而拥有企业持续存在和不断成长的基础。文化营销的核心，是实现顾客价值。

案例：化妆品国潮

近年来，国潮悄然兴起，并刮起强烈风暴。国潮热背后不仅是中国制造、中国品牌的崛起，更是中国情怀、中国自信的彰显。

国潮是以品牌为载体、以文化为语言的一种现象。它从不局限于某一领域、某一形式，既可以是单一的时尚单品，也可以是跨界的营销手段。

国潮，是由新一代中国设计师设计出来的带有中国特定元素的潮品，比如衣服、鞋子、化妆品、奢侈品、奶茶等。国潮具有中国当下时尚潮流特色，符合当下绝大多数受众的潮流审美，深受很多年轻人的喜爱。

在鞋帽行业，进行国潮文化营销成功的典范是李宁。李宁以“悟道”为主题，将传统苏绣的工艺技法和现代科技完美融合，成功以国潮的身份与国际接轨，成为优质的国潮代表。李宁自2018年起引爆国潮营销，迅速告别几十亿元亏损，成功实现转型与战略调整。2020年，李宁实现营业收入144.57亿元，同比增长约4.2%；净利润16.98亿元，同比增长34.2%。李宁高达48889元的“天价鞋”（原价为1499元），就是“炒鞋团”无限利用、放大李宁国潮文化营销的话题与热点，当然遭到许多人的批评与指责。

1. 故宫IP文化营销产品

国潮文化营销，在中国化妆品行业可谓轰轰烈烈。其中，动静比较大的是两个故宫IP文化产品：一个是故宫淘宝彩妆，主要产品包括眼影、腮红、口红；一个是故宫文创彩妆，主要产品有口红、气垫粉底、面膜。在故宫博物院官网，我们可以看见故宫商城、故宫博物院文创旗舰店、故宫淘宝，可见故宫在国潮文化营销方面是真正的火力全开。

2018年12月，故宫文化创意馆推出了故宫首款彩妆——故宫口红。故宫口红是华熙生物旗下润百颜品牌与故宫的首次深度IP合作所推出的美妆产品。该套口红共6款，口红膏体颜色均来自故宫博物院所藏的红色国宝器物，口红管外观设计则从清宫后妃服饰上汲取灵感，一个外观设计对应一款膏体色。

故宫口红产品一经推出，仅一晚的时间预定数量即超过了

1000 支，不仅故宫口红大卖，更是开启了“国风主题”彩妆的文化营销浪潮，卡婷的长相思系列、玛丽黛佳的国风复刻唇釉、美康粉黛的东方美色丝雾唇膏、毛戈平故宫联名彩妆、花西子雕花口红、欧莱雅 X 故宫联名款等，这些品牌无一不借着国潮的浪花成为大家耳熟能详的国货美妆品牌。

继故宫口红之后，故宫彩妆家族又出了 4 款气垫粉底，售价均为 299 元/盒。据报道，这些“国潮风”化妆品因为将东方传统美学与现代时尚有机结合，深受年轻人的追捧，所以卖得贵、卖得好。当然，故宫口红等产品能够一夜爆红，是广告、公关、KOL 的全面助攻！把握时代机遇，利用故宫 IP 文化，借“国潮风”实施营销破局，润百颜等品牌一路高歌猛进。

当然，化妆品“贩卖”国潮的代表还有花西子、完美日记，它们都在国潮文化营销中有着非常不错的表现。

2. “贩卖”国潮的花西子

作为一个主打“东方美学”的彩妆品牌，花西子凭借着差异化的品牌定位、独特的产品标识及多维度的渗透营销，跻身国潮顶流并走红海外。

花西子的“百鸟朝凤”是最先出圈的彩妆单品，它将普通的散粉、腮红、眼影等 9 个单品做成拼盘，在拼盘表面雕出传统的百鸟朝凤的浮雕，同时推出“以花养妆”“略施粉黛”等标语，将国潮文化营销进行到底。淘宝评论区有7万多条评论，关键词主要是颜值在线、包装精致、色彩绚丽等。

匠心设计，东方文化与时尚的融合。如花西子把中国的微雕艺术应用到口红上，打造出雕花口红；花西子以西湖为起点，开启“印象东方”主题系列——取江南之美，以“西湖十景”为题，打造“西湖印记”高定彩妆。花西子对东方美学的应用，大胆、创新的国风设计，无不体现品牌的精致与趣味性，浓郁的“东方美”气质扑面而来，传统与时尚的完美结合也成功击中消费者的内心。

跨界合作，借助国潮走向世界。在西塘汉服文化周上，花西子作为指定的彩妆合作伙伴，设置了展位和市集；更带着全线彩妆产品助力古装师，在描眉点唇间复现各色东方美人。

同样，花西子国潮文化营销有广告、公关、KOL的全面助攻。特别是花西子和李佳琦的淘宝直播合作，可谓花西子文化营销成功的关键。花西子还在抖音、小红书、微博等社交平台上投放宣传。同时，有如袁咏仪、李若彤、张嘉倪、娄艺潇、白鹿等明星为品牌背书，强化品牌高端形象。另外，花西子还选择各种头部、腰部、尾部KOL，布局情感、美妆等多种类型的视频博主，种草年轻群体。

3. “贩卖”国潮的完美日记

完美日记，称得上是国货彩妆“现象级”崛起品牌，在国潮文化营销上是一个可圈可点的品牌，特别是玉兔盘眼影爆款产品。

2020年9月底，完美日记与中国航天“太空创想”联名的第二代动物眼影玉兔盘眼影“寻色宇宙”国潮文化营销产品正式亮相。

国潮玉兔潮品，走内容营销之路，丰富的产品设计理念以及产品所承载的太空文化和极高的颜值，让玉兔盘眼影在美妆圈突出重围，收获超高的关注度，快速俘获用户。集科技、思想、国潮等元素为一身的玉兔潮品，折射出了完美日记对当下民族文化势能及年轻消费群体价值取向的洞察和把握。

“太空创想”玉兔盘眼影，以中国神话“嫦娥奔月”中的“玉兔”为灵感，将古代神话与现代科技相结合，重现国人奇妙的太空创想。萌趣的白瓷玉兔富盈光泽，跃然盘上，打开后，可见跳脱、神秘、绝美的配色设计，盘内的每一种配色分别代表蝴蝶星云、猫眼星云、猎户星云等10个宇宙星系。

这个产品看似表现的是无厘头的现代版玉兔捣药的故事，但完美日记通过联名中国航天，以玉兔之名的B站跨圈层营销，给国货美妆的营销思路做出了完美示范。如何把国货美妆真正做成有中国文化底蕴、能承载悠久历史、能充分表达国民情绪和真正引领国潮时尚趋势的国民品牌，以及如何与年轻一代的用户零距离对话，融入Z世代的文化圈层，其实是国内美妆品牌一直在思考的问题和努力探索的方向。

17 娱乐营销

品牌在升级，营销也在迭代。尤其是在全民娱乐时代，各种形式的营销玩法层出不穷，娱乐营销模式也在逐渐创新和突破。

全民娱乐时代营销破局：就是借助娱乐的元素或形式，通过大平台、大流量、IP 形象，借助互联网的东风，实现粉丝营销，创造偶像经济营销神话。

当然，娱乐营销是一种高风险、高回报的营销方式。娱乐营销有三难：一是受众难控制，二是环境难控制，三是明星危机难控制。

娱乐营销的本质

娱乐经济时代，大众对娱乐消费的需求日益攀升，娱乐成为营销的重要载体。娱乐营销起源于美国，但并没有形成一个明确、统一的概念。2005 年左右，湖南卫视可谓开启了中国娱乐营销的先河。从此，娱乐营销便在中国生根发芽、开花结果。

娱乐营销，就是借助娱乐的元素或形式，将产品与消费者的情感建立联系，让消费者在愉悦的心情下与品牌亲密接触，并产生互动，从而达到销售产品、获取忠诚消费者的目的的营销方式。

娱乐营销有两大特点：一是实体、媒体、消费者三位一体，二是具有互动性。

从娱乐营销的原理分析，娱乐营销的本质是一种感性营销，就是通过产生共鸣从而引发消费者购买的行为。这种营销比较含蓄，是把品牌传播与目标消费者情感诉求整合的一种营销方式，是“润物细无声”的营销制胜利器。

通过娱乐营销的本质，我们可以发现娱乐营销是“情感＋体验＋互动”的“软营销”，通过各种形式的互动活动，让观众充分参与其中，并从中获得满足感和归属感，进而对娱乐因素的载体——产品或服务——产生好感，最终达到促进产品销售或提升品牌价值的目的。

在市场同质化竞争日益激烈的背景下，企业为了实现营销破局，都在寻找能迅速吸引消费者眼球的传播、营销方式，进而实现营销目标。因此，具有娱乐性、互动性的娱乐营销，便成为企业营销破局的重要武艺。

火爆的娱乐营销

普华永道报告显示，2016 年，全球娱乐及媒体市场规模达到 1.79 万亿美元，美国、中国、日本成为全球前三大娱乐媒体市场；德勤《中国文化娱乐产业前瞻》报告显示，文化娱乐产业在 2020 年预计达到 1 万亿元。所以说，中国娱乐营销可以说是当今传播界、营销界最响亮的名词之一，娱乐营销也成为中国传播界、营销界最吃香的武艺。

提起娱乐营销，中国前浪们一定不会忘记这两个成功案例：一个是始于 2004 年的《超级女声》，一个是始于 2012 年的《中国好声音》。这两个娱乐营销案例，可谓企业营销破局的经典成功案例。

《超级女声》和蒙牛酸酸乳的合作，让赞助企业、娱乐节目、电视台三方都获得了巨大的成功；《中国好声音》与加多宝牵手 4 年，创下国内连续冠名一档音乐娱乐节目最长时间之最，成就了一段冠名商与节目之间的佳话。

近些年来，娱乐营销（如综艺节目冠名、赞助、联合主办等）一直是中国快消品、耐用品行业的“营销风向标”。其间，中国传播界、营销界还创造了许多互相成就的娱乐营销经典案例，如特步与《天天向上》、立白与《我是歌手》、一叶子与《这就是街舞》等。除此之外，还涌现了如 OPPO、vivo、安慕希、三全食品、六个核桃等娱乐营销的大金主。这些品牌，通过娱乐营销成为行业或品类的翘楚。

无娱乐，不营销！这是一个全民娱乐的时代，这是一个娱乐营销的时代。

娱乐营销的四大特性

娱乐营销成为企业营销破局的新阵地、重要武艺。娱乐营销能够助力企业营销破局成功主要体现在五个方面：一是把握住了目标受众的心理特点；二是以创新式娱乐方式满足大众娱乐化心理；三是引发消费者积极参与、互动；四是对娱乐营销进程的掌控，牢牢地把握住了大众的好奇心理；五是占据了舆论制高点，注重媒体传播。

有的企业通过娱乐营销实现了营销破局，有的企业实施了娱乐营销却见不到效果，营销依然没有起色，是因为其没有抓住娱乐营销的核心，没有深入解读、掌握娱乐营销的四大特性：创新性、参与性、整合性、个性化。

一、创新性

娱乐营销，贵在创新！无论在娱乐主题上还是在运作的方式方法上，娱乐营销都要具有创新性，以期激发消费者的好奇心与增强消费者的参与意识。娱乐主题上要有独创性与新闻效应，能吸引大众的眼球，否则收效甚微。创新性要求企业在立足自身资源及优势的基础上，通过不断创造新的体验方式来吸引大众的注意力。

移动互联网时代，全新娱乐营销“得粉丝者得天下”！一切创新都围绕粉丝、网红、流量和娱乐 IP，自制超级 IP 有趣内容 + 流量偶像，链接年轻消费者，传达正能量的价值观，提升品牌和粉丝黏度，带动品牌销量转化。

娱乐营销创新形式，以前一些硬性的广告植入已逐渐转变为融合度更高的情节植入、场景植入；娱乐营销创新互动，新生代偶像艺人、品牌偶像代言人、消费者深入互动、深度绑定，实现品牌、粉丝和明星多向赋能。

二、参与性

娱乐营销是“感性”的，注重参与性与体验性。

《奔跑吧兄弟》带你一起玩转世界一起奔跑，《乘风破浪的姐姐》带你跟姐姐们一起玩转娱乐营销……所以，企业作为营销的主体，要抓住参与性与体验性两大关键，树立全员娱乐营销理念非常重要——因为娱乐营销是“玩”出来的！而玩转娱乐营销这个武艺，需要全员参与（包括供应链全部成员及消费者、媒体、公共机构等）。

娱乐营销的参与性，更体现在受众的广泛上。参与人数越多，企业就有越大的希望从中获得潜在的客户群，营销的效果也就更好。娱乐营销的参与性，就是要将娱乐营销彻底走向平民化、大众化。这个典型代表如麦当劳把就餐场所当成一个娱乐休闲的场所，未成年消费者甚至把麦当劳直接当成了自己的乐园。

另外，娱乐营销的参与性与体验性，还表现在线上、线下高度融合上。线下销售终端、社区，开展了各种活动，吸引观众参与、互动；线上通过微博、微信等渠道，制造相关话题和开展相关活动，激起消费者热情参与、体验、互动。记住：线上娱乐营销一定要体现当下年轻人张扬个性、敢于创新的时尚特质。

三、整合性

企业实施娱乐营销，离不开娱乐元素的整合和体验平台的整合。

在娱乐营销的链条中，能够撬动市场的根本力量仍源于优质的内容。因此，如何更有效地生产和利用娱乐内容来激活整合营销，是娱乐营销的核心问题。有人指出，爆款内容的三大标准是共情、共鸣、话题；新娱乐营销趋势是内容、数据、场景的整合。

娱乐营销需要多方位全平台式的整合传播，如娱乐节目启动宣传、明星互动、户外广告、线下推广活动、微博互动、短信互动、网络短视频等，调动品牌、IP、明星、粉丝、平台势能，碰撞出最炫酷的火花，短时间内达到爆破效应。

娱乐营销除了整合内部资源外，还需要整合大量外部资源。整合，就是要使二者融为一体、相互作用，从而更好地实现企业的目标。

四、个性化

随着消费者需求的变化，特别是Z世代的崛起，营销观念和方式也在慢慢变化，营销从大众化走向定制化和个性化。为此，娱乐营销一定要迎合个性化营销。品牌只有巧妙运用娱乐营销，满足消费者的个性化需求，才能够赢得更多消费者。

在娱乐营销的策划上，要将年轻人的个性化与社交互动进行融合，聚焦年轻人的内容消费偏好，精准撬动粉丝群体；用新鲜有趣的营销玩法，打造Z世代娱乐生态。

在娱乐体验的设计上，一定要下足功夫，对时尚潮流以及消费者的娱乐心理，需要一直保持高度的主动性和敏感性，密切关注社会潮流动态、热点及新生现象。

一场成功的个性化娱乐营销，一定具备最贴心的内容，在最恰当的时机，以全渠道的方式给到消费者，极具个性化地让消费者拥有轻松快乐的产品体验。

娱乐营销运作

在我国，“软广告”的效果更好。娱乐营销就是“软广告”“软营销”。

娱乐营销五大策略如图16所示。

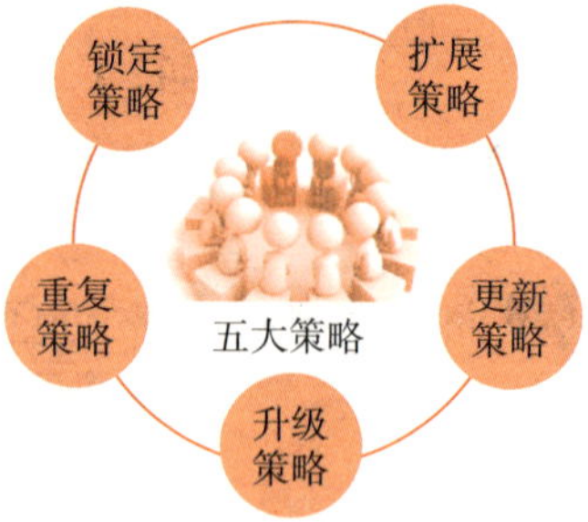

锁定策略——精确定义你所期望的目标消费者，迎合他们在感情上的需要和对成功的期望。

扩展策略——拓展体验，开发关联产品，给消费者创造更多的机会，让他们以购买其他东西的方式来享受你所提供的在感情上的联系。

重复策略——创造一种消费者和员工都想重复的体验。

升级策略——说服消费者在购买了一件东西以后，继续对这件东西投入更多的金钱。

更新策略——如果你与消费者在感情上建立了联系，他们也将期待体验再次更新。保持神秘感，不断创新是持续成功的关键。

图16　娱乐营销五大策略

娱乐营销的本质，其实就是带有娱乐场景的体验式营销，可以让消费者在愉悦的心情下，与品牌亲密接触，并产生互动。娱乐营销的关键在于让消费者潜移默化地接受品牌信息，而不是硬生生地推销产品。

娱乐营销的类别包括病毒营销、口碑营销、文化营销、活动营销、植入营销、话题营销、体验营销等。当然，企业在实施娱乐营销时，都是将几种类别的营销混合在一起，相互作用、相互补充。

娱乐营销的形式包含它与电影、电视剧、广播、印刷媒介、体育活动、旅游和探险、艺术展、音乐会、主题公园等相互融合的各类营销活动。相对而言，综艺节目、电影、电视剧作为大众化的娱乐方式，在娱乐营销中是应用得较多的几种形式。这几种形式的娱乐营销“品牌植入”运作如下：

（1）最传统、最没有技术含量的，就是通过首映礼、冠名、贴片广告、形象授权、宣传品广告、片尾鸣谢、花絮等植入品牌广告。

（2）通过明星的吃、穿、住、用等植入品牌产品信息，这类产品包括汽车、电脑、手机、化妆品、珠宝、服装等，当下火爆的《奔跑吧兄弟》《乘风破浪的姐姐》等综艺节目，已将此植入方法应用得炉火纯青。

（3）通过电影、电视剧的情节植入对白、背景、特效等，相当于现在网络时代的短视频，注重场景营销、情景营销。

现在的综艺节目几乎都在实践不同形式的娱乐营销。放眼看过去，各大卫视和视频网站几乎都有一两档具有代表性的综艺节目。

当然，传统娱乐营销基本都是以节目冠名、口播与新闻传播为主。在互联网时代，这些传统娱乐营销方式具有很大的局限性与不足。

企业要成功运用娱乐营销这个重要的武艺，应该对时尚潮流、消费者娱乐心理保持高度主动性和敏感性，密切关注社会潮流的发展动态、焦点事件及新生现象，整合电影、电视剧、音乐、体育等各方面的娱乐资源，找准娱乐载体与企业品牌的嫁接性，为人们创造欢乐，将消费者内心深处的感知、感受与企业的产品、服务进行完美结合。

另外，企业在玩转娱乐营销时，一定要考虑企业自身的特点、产品的特点、品牌的特性，选择不同的沟通工具，展示产品的魅力并提升品牌的价值。企业只有充分认清时代的特征，了解消费者的需求，不断创新娱乐营销的内容与形式，发挥娱乐营销的独特功效，才能提升品牌价值，将娱乐营销化作新时代营销创新、破局的利器。

网络时代的娱乐营销

互联网新时代的娱乐营销，可谓百花齐放。如腾讯视频“炅·2019 潮音发布夜”、梁龙变身美妆博主……这些娱乐营销都是线上、线下高度融合，都是精准粉丝营销与带货营销。

2020 年伊始，B 站就凭借“最懂年轻人”的跨年晚会，

“吊打”各卫视，为自己打了一场漂亮的胜仗。弹幕文化、海量的二次创作，B 站让我们看到了互联网的补集。B 站跨年晚会实现当晚同时在线人数峰值突破 8200 万人，总播放量超过 4300 万次，B 站股票大涨 12.5%，市值暴增 50 亿元！B 站跨年晚会，用创新、用年轻人的方式讨好年轻人，满足了年轻用户的不同需求。这就是互联网新时代最具创新、最具突破的娱乐营销。

网络时代的娱乐营销的最大特点就是互动性强和传播快。所以，娱乐营销一定要搭建娱乐场景，让广大的消费者参与其中，在轻松愉悦的参与过程中了解商品、认知品牌。这样，才能够实现传播最大化、最快化，才能够实现转化。在形式上润物无声，在内容上深度共鸣，在结果上叫好叫卖，这就是娱乐营销的正确打开方式，这就是成功的娱乐营销。

实施娱乐营销的主要目的是：潜移默化地向消费者传播品牌信息，让消费者接受品牌信息；通过“感性共鸣”让消费者主动购买产品。其间，企业如果能够配合策划运作产品促销，打造超级爆款产品，那就堪称完美。当年蒙牛酸酸乳就是因《超级女声》而诞生的爆款产品——年销量翻了三番：由活动前的 8 亿元，迅猛提升到 25 亿元，缔造了 2005 年中国市场营销最佳典范。

真正的娱乐营销还是应该有好的内容，将品牌的精神和传播方式紧密结合，并做好线上线下高度配合、融合，将娱乐营销真正做成美誉度营销。

但在塑造品牌美誉度、提升品牌价值时，品牌价值观要与综艺节目契合，一定不要剑走偏锋，不要小众猎奇博眼球，不要传播“毒”鸡汤，而应该传播正能量，打造品牌独特“人设”，注重消费者的参与、体验，最终实现营销效果和品牌口碑的双丰收。

娱乐营销的明星风险

明星能给企业的营销活动带来非常大的影响力，如果其爆发“丑闻”，就有可能给企业与品牌带来一系列的负面影响。

所以，娱乐营销中的明星就是一把双刃剑。一开始就应该谨慎选择明星作为品牌代言人、综艺活动的参加者。如果发生明星风险，当品牌代言人深陷危机公关时，企业应该第一时间回应大家，快速启动正确的公关行动，尽快完成品牌与明星之间关联度的切割。然后，持续关注事件后续情况，重视消费者的情绪，及时止损，最大限度缓解危机。

18 体育营销

发展至今，体育营销在全球范围内都是非常成熟的，尤其是世界顶级品牌，特别偏爱体育营销。许多品牌都成为体育营销的大金主。

体育营销已被越来越多的中国企业青睐，成为品牌出海的利器与新武艺（相对而言）。

如今，体育营销正变得更加多元化、泛化、社交化。在互联网时代，品牌的体育营销话术具有明显的变化。

成熟的体育营销

众所周知，全球规模大、影响力大的体育赛事有世界杯、奥运会、一级方程式赛车、NBA（美国职业篮球联赛），以及各类洲际体育赛事和各单项体育组织的世锦赛等。有数据显示，2020 年全球体育赞助广告支出 480 亿美元。其中，全球足球体育运动是真正的“吸金王”，每年收获的赞助收入超过 200 亿美元。

所以，体育营销在全球范围内都是非常成熟的，尤其是世界顶级品牌，特别偏爱体育营销。对顶级品牌而言，品牌管理已经成为一项战略性管理主题，而以体育活动为载体来推广自己的产品和品牌，逐渐成为越来越多顶级品牌的共识。2021 年，中国赞助商“挤爆”欧洲杯，看赛场还以为是在中国举办。看来，中国品牌借助体育营销出海的时代已经到来。

体育营销就是以体育活动为载体来推广自己的产品和品牌的一种市场营销活动。

体育营销包括两个层面：一是指将体育本身作为产品营销，即体育产业营销；二是指运用营销学的原理，以体育赛事为载体而进行的非体育产品的推广和品牌传播等营销现象。我们通常所说的体育营销是指后一个层面。

成熟的体育营销，不仅仅是品牌知名度有效提升的手段，更能通过运动实现体育文化与品牌文化的融合，让消费者在生活中能够真正触及品牌理念及产品精髓的体验式蓝海。因此，在全球也诞生了许多大型体育营销公司，如美国国际管理集团（IMG）、瑞士盈方体育（Infront）、美国八方环球（Octagon）、法国拉加德雷体育（Lagardere Sports）、新加坡世界体育集团（WSG）等。

笔者在1998年参与策划、执行的“乐华电器世界杯百万竞猜大奖赛”活动，用32万元寻找“中国最有价值球迷”就是非常成功的体育营销。通过此次体育事件营销，使原本不被国人所熟悉、只有极低知名度的乐华品牌一夜间声名鹊起，乐华彩电成为彩电业的一匹“黑马”，乐华品牌知名度与销售量得到迅猛提升。

我们来看看，全球销售额排名靠前的体育用品公司，如耐克、锐步、阿迪达斯、彪马、斐乐等，还有中国的李宁、安踏、特步、361度等品牌，都是体育营销的高手。而对体育营销最狂热的应该是可口可乐，这是世界为数不多的同时赞助世界上两大体育赛事的公司。可口可乐赞助体育赛事从1907年赞助美国棒球比赛开始，至今已有110余年的传统。1928年，可口可乐揭开了赞助奥运会的历史篇章，此后一直持之以恒，其奋斗目标就是“哪里有体育，哪里就有可口可乐”。

金主为何青睐体育营销？

体育营销何以成为全球广告主最青睐的营销方式？主要有

三大原因：一是情感投入与营销价值，二是公益性和公信力高，三是沟通面广与针对性强。

一、情感投入与营销价值

事实上，体育一直是全球主流企业最重要的赞助对象。体育反映的是整个社会的发展水平、人们的生活方式与文化价值取向。体育的情感投入与营销价值，是全球广告主最青睐体育营销的根本原因。

我们以足球为例，球迷对球赛充分的情感投入是最具营销价值的元素。通过竞赛，大家能够为球队欢呼，为自己喜欢的球星加油……无论是与利益相关，还是与家庭、城市、国家的属性关联，都会让球迷产生明显的情感偏向。这些，都是体育营销之情感营销的一大特色、优势。

体育营销属于正能量的情感营销，是以消费者为中心寻求情感共鸣。球迷对球赛的情感投入不是简单的赛事胜负，还有民族情怀、体育精神，这也是最具安全性的营销元素，与稳定性、稀缺性、融合性一起成为顶级体育赛事大 IP 四大特点。如今，已经有越来越多的品牌开始尝试性价比更高、形象更积极、更容易出彩也更为安全的体育营销。

所以，很多企业已深刻认识到体育营销塑造品牌的魔力，同时，更清醒地认识到体育活动背后蕴藏着无限商机。特别是世界级品牌，如可口可乐、耐克、阿迪达斯、百威等，尤其钟爱体育营销。

二、公益性和公信力高

体育是人类共同的事业，企业通过赞助体育项目或者进行其他形式的体育营销，其观众的注意力、品牌的渗透力和影响力，是其他类型的广告所不能达到的。体育营销以其特有的公益性、互动性和成本效益优势成为消费者和商家共同青睐的品牌传播方式。

通过体育营销可以树立企业履行社会责任的公益形象，传播的信息易被接受，受众的排斥阻力相对小一些，商业性及功利性不明显。同时，它可以激发个人情感依恋以及群体性和晕轮效应。

通过体育营销，企业得以进一步塑造品牌的正面形象，并将其与体育赛场上的积极拼搏、不断进取、追求卓越、团队精神等要素相结合，给消费者留下深刻的印象，创造了提升消费者对相关赞助产品品牌忠诚度的机会。近年来涉足体育营销的企业已经呈现出不断增加的趋势。

三、沟通面广与针对性强

体育营销“铁三角”，就是赞助方、体育项目和观众。体育能跨越文化、信仰、种族等障碍，是一种全人类共通的语言，帮助品牌与全世界的受众沟通。体育营销正是通过体育文化“公平、平等和无边界”的沟通功能，圆了众多商家的品牌梦。体育营销深度连接社会、品牌与消费者，快速提升品牌价值，快速推进国际化品牌赛程及品牌国际化增值。

对于笔者曾经从业10来年的家电行业，品牌国际化应该是中国家电企业全球化崛起的重要瓶颈。如果能够学习借鉴一些国家品牌体育营销的成功经验，通过体育营销搭建一个快通道出海，也许是一个不错的选择。

另外，体育赛事兼具媒体功能，具有很强的吸引力、传播力，这对企业来说具有非常高的商业投资价值。顶级的体育赛事可以打破体育媒体、内容、赛事场景跟体验活动的边界，结合用户触媒习惯实现全人群、全场景、全天候的传播覆盖（反复传播）。

体育营销针对性强，主要表现为：品牌产品（或企业）与体育结合，把体育项目内涵赋予品牌，帮助企业更加精准、迅速地提升产品的市场地位，实现品牌价值增值。

体育营销注意事项

一、体育营销费用高、风险大

体育因具有健康向上、公益性的特点，易被广泛接受和追随。因此，体育营销也成为全球广告主最青睐的营销方式之一。同时，体育赞助到目前为止是所有企业赞助中费用最高的一项，且逐年大幅增长。

赞助费用只是一张入门券，维持整个推广活动进行是赞助的价值所在，因此持续的资金投入是关键。国际上成功的体育赞助经验显示，配套执行费用是赞助费的 3 ～ 5 倍，假如企业花了 1 亿元赞助某项赛事，那至少还得预算投资 3 亿元作为相关的配套推广费用，才能取得好的效果。

因此，体育营销费用高、投入大，具有相当大的风险，可以说是一种“烧钱营销”。体育赞助不是昙花一现的短期行为，是长期、持续性的战略规划；体育营销不是孤立的赞助活动，是一项需要强大资金支持和配套执行的系统工程。所以，企业在采取体育营销之前，一定要评估、判断投入风险。

二、体育营销需要“门当户对”

由于体育营销费用高、风险大，因此企业在实施之前应该全面评估是否赞助、如何赞助。体育营销须“门当户对”，主要是基于以下考虑：

1. 赛事是否适合目标消费群体？

如果企业所赞助的体育项目不被目标消费群体所钟爱，也就无从谈商业价值、无从谈赞助了。最多，就是与消费者打个招呼，对品牌与销量提升基本没有作用。

2．与品牌定位、产品特性是否相符？

体育赞助项目，必须与品牌的定位相一致。品牌须有产品载体，想要赞助的体育项目必须与所销售的产品的功能、特点等特性相一致。

一般来说，体育活动有其特定的参与者及观众，竞技性与刺激性决定了体育赛事观众多为追求冒险娱乐的年轻人，其中又以男性为主。所以，可口可乐围绕年轻消费者一直坚持赞助体育赛事。

3．赛事是否被普遍认同且呈上升趋势？

所赞助的体育项目是否被普遍认同将决定品牌的传播广度和被公众认同的程度。赛事呈上升或下降趋势，将影响品牌的美誉度，赞助一项充满生机的赛事，往往会让消费者感觉到你的品牌是年轻而具有活力的。

有热点、有热度，被议论、被争论的体育赛事，传播效果会更好，企业品牌的传播广度和被公众认同的程度会更高，自然能够拉动品牌销售。

4．看竞争对手赞助情况

假如有竞争对手赞助了你想要赞助的体育项目或相类似的体育项目，且比你的策略更好，建议你马上放弃，不做牺牲品。相反，如果你有能力做得比竞争对手好，建议你与竞争对手抢夺赞助这一体育项目。

三、坚持体育营销的连贯性

坚持体育营销的连贯性是体育赞助的生命。对此，最有发言权的品牌就是可口可乐。事实上，体育营销是长期的计划，有的企业甚至将体育营销作为企业营销战略的一部分。对体育赞助项目缺乏长期的规划和经营，短视行为严重，是中国企业的软肋。

对于体育营销，企业必须做到保持连贯性和节奏性，受众只会对连贯而又有节奏的刺激产生印象，这是体育营销的生命。体育营销的各种收益只有经过长期不懈的努力才能实现，很难一蹴而就。

四、完善的配套执行计划，广泛的媒体参与

体育营销并非单纯的企业行为，还涉及被赞助方、媒体、体育经纪公司等机构，且由于体育赞助活动的规模较大，涉及的营销工具与宣传手段丰富，因此往往不是企业能单独承担的。只有权衡各方关系，在互惠互利、密切合作中，才能共同创造体育赞助的良好效益。

制订完善的配合执行计划。体育营销是一项复杂的系统活

动，要使赞助项目取得最好的赞助效益，必须制订完善的配套执行计划，如产品配合、媒体传播、终端陈列、促销推广、人员组织等。

在实施体育营销的过程中，媒体对赞助品牌的曝光度与曝光质量显得至关重要。所以，需要新媒体与传统媒体的广泛参与。善用传播策略，是体育营销获得赞助价值的精华所在。

体育营销的明星风险

事实上，类似娱乐营销的明星风险，在体育圈、体育营销中同样屡见不鲜。如果体育营销中出现明星风险，企业处理风险的方式与娱乐营销一样。

东京奥运的互联网战场

苏炳添火了，杨倩火了，张家齐火了，陈梦火了，孙颖莎火了，吕小军、张雨霏火了……东京奥运会的中国奥运健儿，往往一场比赛还没结束，就火遍了互联网。

随着苏炳添以 9 秒 83 的百米成绩完成封神之战之后，在社交软件、视频软件、搜索引擎上，有关这个“最快的黄种人”的讨论就没有断过。这就是东京奥运的互联网战场神奇的战果！

如今，体育赛事的传播形式变了，观众与赛事、运动员的互动形式变了，互联网世界的竞争维度自然不一样了。不可否认，东京奥运是互联网离奥运会最近的一届，也是最不缺观众的一届。在这场争夺奥运的修罗场里，以腾讯、快手、抖音、B 站、小红书为代表的互联网巨头们的“造星”的确是技高一筹。

明星运动员、运动队备受关注。明星运动员与代表队通常都有不少忠实的粉丝，因此比体育赛事有更高的美誉度，品牌可以此来触达圈层粉丝，提升品牌忠诚度。这次东京奥运会，仅中国女排的赞助企业就超过了 30 家，包含腾讯新闻、福临门、海尔、贝壳找房等，横跨新闻资讯、快消品、家居、房地产等多个领域；而中国女排领队朱婷，手握浦发银行信用卡、汽车之家等多个代言。滑雪运动员谷爱凌，则成了安踏、维多利亚的秘密、蒂芙尼等品牌的最新代言人。

体育赛事赞助权益的席位毕竟有限，与球队及热门运动员合作的方式，也给更多领域的品牌带来了借势体育营销的机会。

自 2014 年国内体育产业高速发展以来，世界顶级体育赛事对各领域巨头就非常有诱惑力。长达 17 天的赛程安排、对各个国家和全类型体育项目的覆盖以及大量明星运动员的加盟，在巨头眼中就等于巨大的商业价值和流量价值。

在时间碎片化的时代，人们几乎不会看完一整场奥运会直播比赛，这就要看巨头的生态体系中有没有年轻人喜欢的内容，是不是能通过内容留下年轻人。年轻人更关注奥运明星，谁抓住了奥运健儿的发声渠道，谁就成功了一大半。

通过中国的“95后”“00后”在各种社交媒体上表达的对明星、热点人物的主要兴趣点可以看出，他们追逐的明星或热点人物基本上都有三个特质：有懂、有料、有趣（体育营销专家张庆语录）。

有懂，是指一个人要有态度，即鲜明的价值观；有料，就是一个人要有成果，比如运动员拿到的奥运会金牌或优异成绩；有趣，顾名思义，就是这个人必须是一个有趣味的人。正能量的、阳光的、健康的、积极的形象，已经成为体育明星的特质与优势，也成为品牌方选择代言人的重要砝码。

所以，互联网时代的体育营销，不再以赛事为单一中心，而是以明星运动员、运动队为载体，通过社交媒体传播，形成以赛事、明星运动员和运动队、观众、品牌企业为生态的链式营销。为了扩大粉丝群体，特别是吸引年轻人的关注，中国体育产业正不断寻求与其他领域的跨界合作，“破壁”与“跨界”逐渐成为中国体育产业发展新的关键词。

品牌实施体育营销的新趋势

由于疫情延期叠加，2021年是世界体育大年，可谓体育迷的盛宴——东京奥运会、欧洲杯、美洲杯、世锦赛、全运会等诸多大型体育赛事，都扎堆在这一年。体育大年，当然意味着诸多品牌迎来了不容错过的关键营销节点。对于大型企业来说，体育赛事具备风险可控、性价比高、曝光量稳定等特质，因此，体育营销一直是大品牌青睐的玩法之一。

在体育大年，品牌实施体育营销有哪些新趋势？

1. 体育营销老玩家继续，新玩家频现

如中国鞋帽行业的李宁、安踏，乳企伊利、蒙牛，家电行业的创维、TCL 等品牌，都是体育营销老玩家，他们参与赞助体育赛事的时间长，且参与度极高。近年来被当作新兴彩妆品牌代表，后又顺利上市的完美日记，也在 2021 年官宣成为中国体操队官方合作伙伴。为此，完美日记还特意为中国体操队的队员拍摄了小细跟口红春夏新色 L09 宣传片。

2. 中国电竞体育营销风生水起

很长一段时间里，电竞体育营销都是外企的天下，基本可以归为电脑/游戏硬件公司、运动品牌和功能饮料品牌三种。目前来看，智能硬件、日用品、饮料、汽车等多个领域的品牌都在借势电竞体育营销。

比起传统体育项目，电竞项目还有植入场景多元、匹配度高、营销目的多元的特点，能够满足多元品牌的营销诉求。随着时间的拉长，电竞比赛势必也会成为品牌主的主要关注赛

事，成为品牌实施体育营销的新武艺。

3. 借助体育营销出海的时代到来

在 2021 年欧洲杯 12 个顶级赞助商席位里，中国品牌就占了 4 个，包括支付宝、抖音海外版 TikTok、海信、vivo。

2019 年时只有 TCL 赞助了美洲杯，但 2021 年开赛的美洲杯，4 个主赞助商里有 3 个都是中国企业，分别为快手海外版 Kwai、中国科兴、TCL。

如创维电视、vivo 等将海外市场当作主要增长驱动力的品牌，更是长期活跃在海外大型体育赛事上。品牌出海已经常态化，越来越多的中国品牌，将体育营销作为提升海外市场影响力的关键节点。未来随着出海步伐的加快，中国品牌在世界级赛事上的分量势必还会更重。中国品牌借助体育营销出海的时代已经到来。

4. 体育营销话术升级

过去，初级的体育营销往往着重宣传“胜负英雄论”。从较早布局体育营销的伊利、蒙牛、安踏等品牌来看，以前这些品牌的广告主题几乎都是“冠军品质”“突破极限”“超越自我”等，其背后蕴含的理念相对单一。

但 2021 年体育营销话术具有明显的变化：越来越多中国品牌的体育营销主题从只问输赢转换为更高维度的精神追求，特别是在疫情这一大背景下，聚焦于向大众传递人文主义关怀的营销主题越来越多。

疫情虽然对体育产业造成了很大的打击，但也催生了不少新机遇。2021 年的体育赛事盛况，更多的玩家、更激烈的竞争势必也会让更多品牌关注到体育营销。中国体育营销正变得更加多元化、泛化、社交化。

后　　记

以营销十八般武艺呈现，主要是为了能系统地以企业的视角助力发展，但十八般武艺更多的是强调对外营销的手段，对外如何用营销俘获消费者。需要强调一下，营销虽然更多的是对外环境的系统方法论，但对内营销也是不得不重视的一个重要环节。在这里赘言一句，以求内外结合更成系统，能更好地促使企业决策者对营销有更深层次的思考。

自从推行市场经济以来，企业对营销日益重视。我国加快了经济转型升级的步伐，特别是从 1997 年以来，过剩经济导致卖方市场的产生，所以更多人认为市场营销是企业生存的关键。虽然如此，但是还存在乐视这样特别重视市场营销的企业倒闭破产，究其原因，是其疏忽了市场经济的竞争。实际上，企业无论是在管理上的竞争，还是在科技、资源等方面的竞争，归根结底都是人才的竞争。现今人才竞争的关键是企业能否营造助力人才成长的良好环境，而整个内部环境的缔造及经营过程即是内部营销系统。

所谓内部营销，就是通过创造一种优良的环境来满足员工的需求，使得能够胜任的员工留下。内部营销是一种把员工当成消费者，取悦员工的哲学。

那么，如何创造一种优良的环境呢？这就是内部营销推行的内容：

一、必须创造一种优秀的企业文化系统

现如今，企业之间的竞争更多的是人才的竞争，而国家之间的竞争更多的是一种文化的竞争，无论人才还是文化，都离不开一个载体——人。有人必定需要支撑人的价值观念及生活方式，而这两种东西只有文化才能决定，因此企业如果有优秀的文化系统，就可以产生优秀的价值观念及生活方式，这就为企业中的人缔造了一种优秀的企业环境。如中国传统文化的精髓就是以儒家思想为代表的孔孟之道，孔孟的价值观念就是一种积极的入世观念，也就是要争取机会有所作为。孔孟的生存理念就是仁、义、礼、智、信。现如今，如果有哪家企业以此为引申，让企业的全体同仁矢志不渝，这个群体就有一种共同的价值观念和生活方式，就拥有一个团结、有共同行为方向的优秀环境，这就是内部营销所需要缔造的第一种营销行为，即内部营销的文化环境。

二、需要制定行为准则，加强制度化管理

但凡国内的企业不能长久，特别是新型企业半途夭折，以

我之见，都是企业没有加强制度化管理，致使员工不知如何下手。员工少时通过能人管理问题不大，可随着企业的扩大、人员的增加，能人管理已不能应付，就必须有个工作标准使能人少或无能人的情况下也能使企业不断发展，这就是西方人推行的现代企业制度，以此建立之就有了行为准则的约束及推进。由此，员工就会知道如何做，这就是内部营销的制度环境。

三、内部营销需要建立一种希望的愿景

按马斯洛理论研究，人的最大价值的体现就是实现理想，实现理想的第一个阶梯就是有追求的目标（即愿景），这样人就有了方向。如果一个环境能帮之建立愿景，也就意味着此环境对人有极大的导向性，这就是内部营销的愿景环境。所以，企业不光需要满足员工的生存需求，更重要的是要引导员工不断向前发展。

四、企业应该建立一种不断创新、生生不息的推动机制

企业中不光人需要不断创新，制度更需要创新，只有具有不断创新的体制机制才能保障适应环境的变化。内部营销最为关键的一个环节——创新机制环境。

以上四点的组合即构成一个完善的用人环境（即制度系

统），这是企业长期发展的基石。

五、企业需要营造一种物质丰富的营销环境

这有两个要项：其一是丰盈的薪金基础，其二是足以保障的福利条件。“民以食为天”，做到物质丰富才能让环境中的人无后顾之忧，相对集中精力用心工作。物质丰富，环境中人的工作状态也就越好，因此作为经营企业的人应该有不断营造物质丰富环境的欲望行为。只有这样，才能满足人的“物欲”，从根本上调动环境中人的能力基因及组合。

六、企业需要营造一种学习型组织继续教育环境

如想跟上社会的发展，企业需要不断进步，因而就需要不断学习掌握社会中的新生存本领。因此，会学习及不断学习在现环境中也是能力的一部分。所以，企业必须建立学习型组织，这样团体才有希望。

七、企业必须树立一种为顾客服务就是为企业谋发展的信念

服务是市场的终端环节，有了高质量的服务才有可能使产品有较长的生命周期，企业才能持续获利，因此，内部营销必须加强服务环境的建设，这也是现在企业所忽略的地方。

以上七点是内部营销的行为系统。只有大力推行内部营销，企业的管理才能上台阶，员工才能同心协力推动外部营销的发展，更多地为企业创造价值、创造利润。在现有的市场环境中，内部营销比外部营销更为重要。总之，应该把企业管理看成一种市场营销的现象，只不过这个市场稍有改变的是消费者、是员工。把员工作为一个市场以营销的观念来经营，充分满足员工的要求，这样员工就会为消费者提供更好的服务，企业就会产生利润。

内外营销即成系统，无论对外营销还是对内营销，营销活动无处不在，无论企业还是个人都需要通过营销来开展社会活动，哪怕一个国家也需要高超的营销能力，才能更好地经营自己的国家或更好地向全球推广自己的国家。所以，营销活动不光是一种营销的手段，更是一种生活的态度，用最佳的营销态度来经营最好的企业。这就是我们的营销态度，这也是这本书诞生的背景。希望我们的拙见对企业和个人有些帮助，特别是对中小企业和个人有所助益，用营销眼光定位企业和个人方向，用营销方法和手段推动企业和个人的发展，用营销赢天下。

注：书中的案例与图片部分来自网络，如涉及版权问题，请与出版社联系，我们会按相关规定支付稿酬。